Sarah Asic

"Shutter Island": Zwischen Ermittlungsarbeit und Schizophrenie.

Der last act twist und die Frage nach der wahren Identität.

GRIN Verlag

Bibliografische Information der Deutschen Nationalbibliothek:

Die Deutsche Bibliothek verzeichnet diese Publikation in der Deutschen Nationalbibliografie; detaillierte bibliografische Daten sind im Internet über http://dnb.d-nb.de/ abrufbar.

Impressum:

Druck und Bindung: Books on Demand GmbH, Norderstedt Germany
ISBN: 978-3-656-51634-7

Dieses Buch bei GRIN:

http://www.grin.com/de/e-book/262699/shutter-island-zwischen-ermittlungsarbeit-und-schizophrenie

Universität Leipzig
Institut für Kommunikations- und Medienwissenschaft
Seminar: Theorie und Praxis der Dramaturgie

Abgabe: 20.08.2013

Shutter Island – Zwischen Ermittlungsarbeit und Schizophrenie. Der *last act twist* und die Frage nach der wahren Identität.

Sarah Asic

Inhaltsverzeichnis

„Wer ist Patient 67 ?“

Zitat aus: *Shutter Island*

1. Einleitung

Der im Jahr 2010 veröffentlichte US-amerikanische Psycho-Thriller *Shutter Island* ist einer der finanziell erfolgreichsten Regie-Darbietungen des amerikanischen Regisseurs Martin Scorsese. Mit einem geschätzten Brutto-Umsatz von 127.968.405 Millionen Dollar[1] allein in den USA reiht sich die Geschichte rund um den US-Marshall Edward – „Teddy" – Daniels in die obere Liga der Hollywood-Filme des Jahres 2010 ein. Eine Besonderheit des Filmes ist die darin angewendete Erzählweise: Die unzuverlässige Erzählung. Diese Erzählform gehört zu den Erzählmöglichkeiten des postklassischen Hollywood und soll den Zuschauer bewusst auf eine falsche Fährte locken. Sie soll dem Film somit eine Art Doppeldeutigkeit verleihen. Innerhalb dieser Arbeit wird diese Form der Erzählung und das überraschende Filmende – der so genannten *last act twist* – näher beleuchtet. In Zusammenhang mit dieser Zielsetzung geht die Ausarbeitung der Frage nach der wahren Identität der Hauptfigur einher. Zudem soll die Analyse klären, warum das Ende in *Shutter Island* als *last act twist* bezeichnet werden kann, obwohl es zunächst so scheint, als wäre die Identität des Protagonisten Edward Daniels letztlich aufgelöst. Es wird somit untersucht, welche offensichtlichen und indirekten Hinweise und Zeichen im Filmverlauf auf Doppelidentität der Hauptfigur hindeuten. Gibt es eventuell zwei Erzählebenen – ähnlich wie in *The Sixth Sense* (1999)[2] – und wenn ja, wie werden diese in der Erzählung miteinander verwoben, beziehungsweise in die Erzählung eingebaut, sodass Möglichkeiten der Mehrfachinterpretation gegeben sind?

Bevor sich diese Arbeit jedoch der narrativen Filmanalyse von *Shutter Island* zuwendet, wird vorab noch auf die Filmanalyse als Methodik eingegangen, um auch die Vorgehensweise in dieser Ausarbeitung transparenter zu gestalten. Anschließend werden wichtige theoretische Grundlagen, Begrifflichkeiten und die Arbeitshypothesen erläutert. Dieser theoretische Teil stellt gleichzeitig die Grundlage für ein lückenloses Verständnis der eigentlichen Analyse dar.

---

[1] Vgl. Box Office zu Shutter Island. Auf *IMdB.com*. Online: http://www.imdb.com/title/tt1130884/?ref_=sr_1 [18.07.2013].

[2] Vgl. Sixth Sense. Auf *iMdB.com*. Online: http://www.imdb.com/title/tt0167404/?ref_=sr_1 [18.07.2013].

2. Methodik: Die Filmanalyse- und Fernsehanalyse nach Knut Hickethier

Für die Beantwortung der Forschungsfragen wird die narrative Filmanalyse von Knut Hickethier herangezogen. Die Filmanalyse ist als Methodik insofern geeignet, als dass es durch sie möglich ist, Erkenntnisse zu ästhetischen und narrativen Strukturen eines Films zu versprachlichen, also als Vermittlungs- und Verständigungsform wie auch als wichtiger Teil der Kommunikation über Film zu fungieren. Dabei betont Hickethier aber, dass Versprachlichung ebenfalls Reduktion bedeutet. Die Filmanalyse rekonstruiert den Film also nicht durch die sprachliche Umschreibung und Interpretation, sondern macht nur eine annäherungsweise Darstellung möglich. Diese Darstellung lässt zugleich aber Raum für analytische Zugänge und ein breiteres Sinnverstehen.[3]

„Filmanalyse ist deshalb immer nur ein >sekundärer< Text gegenüber dem >Primärtext< des Films […].“[4] Zu unterscheiden ist allgemein zwischen der empirisch-sozialwissenschaftlichen und der hermeneutischen Vorgehensweise. Während innerhalb der empirischen Analyse primär eine strikt lineare Abfolge der Inhaltsanalyse angewendet wird, um Strukturen in den Äußerungen und Inhalte statistisch sichtbar zu machen, soll die hermeneutische Vorgehensweise vor allem die Gestaltungsstrukturen hinter der inhaltlichen Geschichte sichtbar machen und Bedeutungsebenen sowie Sinnpotentiale hervorheben.[5]

> „Hermeneutisch orientierte Film- und Fernsehanalyse geht von der Mehrdeutigkeit filmischer und televisueller Werke aus und versucht, diese Mehrdeutigkeiten erkennbar zu machen.“[6]

Aus diesem Grund wird in dieser Arbeit primär die hermeneutische Vorgehensweise zur Hilfe gezogen. Dabei soll lediglich die narrative Ebene des Films untersucht werden. Auf Grundlage der gewählten Vorgehensweise erfolgt die Analyse mit Hilfe eines Sequenzprotokolls.

Dieses macht die Filmanalyse gleichzeitig transparent und nachvollziehbar. Die Sequenz wird in diesem Kontext – in Anlehnung an Hickethier – ebenfalls als Handlungseinheit begriffen, die mehrere Szenen beinhaltet. Der Wechsel einer Sequenz zur nächsten wird dabei durch eine Veränderung des Orts, der

---

[3] Vgl. Hickethier, Knut: *Film- und Fernsehanalyse*. Weimar 2007. S. 26–27.
[4] Ebd. S. 26.
[5] Vgl. Ebd. S. 29–30.
[6] Ebd. S. 30.

Figurenkonstellation oder der erzählten – beziehungsweise der Erzählzeit markiert.[7] Auf ein detailliertes Einstellungsprotokoll wurde an dieser Stelle verzichtet, da nicht die Betrachtung einzelner Einstellungen und ihrer Ästhetik, sondern vielmehr ganze Handlungsabläufe und Ereignisse im Film zur Bearbeitung der Forschungsfragen von Bedeutung sind.

3. Theoretische Grundlagen

In diesem Kapitel werden verschiedene, für diese Arbeit relevante, (Fach-) Begriffe der Filmwissenschaft definiert und näher erläutert. Dadurch soll primär ein lückenloses Verständnis für den Analyseteil dieser Arbeit gewährleistet werden.

3.1 Definition Dramaturgie

Der Begriff der *Dramaturgie* lässt sich auf drei Ebenen definieren. Die erste Ebene ist die der Film- und Fernsehproduktion, wobei Dramaturgie dort als Tätigkeit aufgefasst und von verschiedenen Personen, wie dem Dramaturg, dem Redakteur oder dem Producer, ausgeführt wird. Darüber hinaus kann der Begriff Dramaturgie ebenfalls auf Produktebene, also auf Ebene des Films definiert werden. Auf dieser Basis wird Dramaturgie als Handlungsstruktur eines Films aufgefasst. Des Weiteren lässt sich der Begriff ebenfalls auf der Ebene der Rezeption und Reflektion beschreiben. Im Gegensatz zur ersten und zweiten Ebene wird Dramaturgie hier als eine Theorie verstanden.[8] Die Rezipienten, welche sowohl Fachleute als auch Laien sein können, setzten sich auf dieser Ebene theoretisch mit der Dramaturgie auseinander, analysieren also die Struktur oder die Strukturregeln des Werks.[9] Der Begriff beschreibt also den Aufbau des filmischen Werks und setzt Dramaturgie im weitesten Sinne mit Struktur gleich.[10] Im Kontext dieser Arbeit findet primär die zweite Definition Anwendung, wobei die Dramaturgie in diesem Kontext nicht nur Handlungsstruktur ist, sondern gleichzeitig auch analysiert werden soll und damit entfernt auch der dritten Begriffsebene entspricht. Somit kann zunächst festgehalten werden, dass der

---

[7] Vgl. Ebd. S. 35.
[8] Vgl. Ebd. S. 115.
[9] Vgl. Eder, Jens: *Dramaturgie des populären Films*. Hamburg 1999. S. 9.
[10] Vgl. Ebd. S. 9.

Begriff Dramaturgie im Sinne dieser Arbeit die Struktur einer *Narration* – in diesem Fall einer Filmnarration – beschreibt.

3.2 Definition Narration

Der Begriff der Narration kann in diesem Zusammenhang mit folgendem Zitat passend umschrieben werden:

> „Narration findet als kommunikativer Akt statt: denn auch hier gilt die Umkehrung, dass in diesem Prozess der, dem erzählt wird, aus dem Geschehen und Gehörten selbst Bedeutungen erzeugt, Verbindungen herstellt und Geschichten erkennt."[11]

Bordwell differenziert den Begriff der Narration auf Grundlage der aristotelischen Differenzierung zwischen Zeigen und Erzählen. Er unterscheidet demnach ebenfalls zwischen der *mimetischen* und *diegetischen* Narration. Die Mimesis wird als Imitation oder Nachahmung verstanden: Durch das Zeigen eines Geschehens innerhalb einer dramatischen Struktur kann sich der Autor durch seine Figur äußern. Die diegetische Narration beschreibt das Erzählen einer Handlung durch einen Erzähler, der hier nun selbst und nicht durch seine Figuren spricht. Das besondere an der filmischen Narration ist nun, dass sie sowohl mimetisches als auch diegetisches Erzählen verbindet. Demnach erzählt Film sowohl durch das Zeigen von Geschehnissen als auch durch das Erzählen von Sachverhalten, die nicht direkt gezeigt werden.[12] Zusammengefasst lässt sich Narration in dieser Arbeit also als Darstellung der Ereignisse in einem Werk - in diesem Fall einem Film - definieren.

3.3 Traditionelle Dramaturgie versus offene Dramaturgieformen

Es gibt verschiedene Formen der Dramaturgiegestaltung: Dazu gehören übergeordnet das traditionelle Dramaturgie-Modell und die offene Formen.

Die Wurzeln des traditionellen Modells reichen bis in die Antike hin zu Aristoteles zurück. Eine Erzählung beginnt demnach an einer Ausgangssituation, passiert Komplikationen, Wandlungen und Veränderungen und bewegt sich schließlich auf einen Abschluss der Narration hin.[13] Während das traditionelle

---

[11] Hickethier 2007. S. 105.
[12] Vgl. Ebd.: S. 10.
[13] Vgl. Elsaesser, Thomas: *Hollywood heute. Geschichte, Gender und Nation im postklassischen Kino*. Berlin 2009.S. 53.

Modell somit vor allem auf geschlossene Formen von dramatischen Texten und Filmen sowie einem in sich geschlossenen Aufbau von Handlung und Figurenkonstellation setzt, bezeichnet der Begriff der offenen Form, der vor allem in dem so genannten postklassischen Hollywood Anwendung findet, eine Vielzahl verschiedener dramatischer Strukturmöglichkeiten – sowohl auf die Handlung als auch auf die Figurenkonstellation und auf die gesamte dramatische Struktur eines Werks bezogen.[14] Ein offenes Ende im Film bedeutet in der Umgangssprache, dass es kein traditionelles Ende gibt, die Geschichte also nicht in einer Auflösung aufhört.[15] Zwar ist die dramatische Struktur der offenen Formen ebenfalls durchdacht und gezielt zusammengesetzt, doch ist es notwendig, sie auch narrativ gut zu managen um nicht entgegen jeder dramaturgischen Logik zu arbeiten[16] und die Handlung unverständlich zu gestalten. Die offenen Erzählformen können beispielsweise a-chronologisch aufgebaut sein oder eine progressive Struktur aufweisen, während sich die traditionelle Form gern Ähnlichkeiten und Wiederholungen von Anfangs- und Endbildern, einem Zurückführen eines Geschehens zum Ausgangspunkt und insgesamt symmetrischen Strukturen bedient. Auf den Zuschauer bezogen zielt die traditionelle Form vor allem auf eine emotionale Wirkung ab, während die offene Form mehr auf eine kognitive Wirkung beim Rezipienten setzt.[17]

Die grundlegenden Schemata einer dramatischen Struktur sind im Drehbuch des Films festgelegt, wobei sich seit dem Beginn der Filmgeschichte bis heute verschiedene Möglichkeiten für einen dramaturgischen Aufbau herausgebildet haben. Eines der Basismodelle ist die *Drei-Akt-Struktur* von Syd Field. Nach ihm haben Drehbücher einer geradlinige Struktur, die sich in drei Akte unterteilen lässt: Exposition, Mitte beziehungsweise Konfrontation und das Ende als dritter Akt, in dem sich die Story auflöst und dem Zuschauer klar wird, wie die Geschichte endet. Zusätzlich gibt es innerhalb der Geschichte einzelne *Plot Points*, also einen Punkt, an dem die Handlung eine Änderung erfährt.[18] Daneben werden noch weitere Ansätze für den dramaturgischen Aufbau postuliert, die

---

[14] Vgl. Hickethier 2007. S. 116–117.
[15] Vgl. Christen, Thomas: *Das Ende im Spielfilm. Vom postklassischen Hollywood zu Antonionis offenen Formen.* Marburg 2002. S. 43.
[16] Vgl. Leschke, Rainer/ Venus, Jochen (Hrsg.): *Spielformen im Spielfilm. Zur Medienmorphologie des Kinos nach der Postmoderne.* Bielefeld 2007. S. 199.
[17] Vgl. Hickethier 2007. S. 116–117.
[18] Vgl. Bienk, Alice: *Filmsprache. Einführung in die interaktive Filmanalyse.* Marburg 2008. S. 103.

beispielsweise mehr als drei Akte in Betracht ziehen. Neben diesen klassischen Ansätzen zum Aufbau einer Handlungsstruktur haben sich ebenso Strömungen herausgebildet, die einen eher gegenteiligen Aufbau postulieren und nicht mehr einer geschlossenen Narration angehören. Maltby fasst dies zusammen:

> „Closure is not, hoewever, necessarily absolute. The sense that characters have lives beyond the closing credits, that the story continues even though the plot is over, is an important element in the economic patterns of movie consumption preferred by Hollywood cinema, as it renews the audience's enthuisuasm to re-experience the process of narration."[19]

Im Folgenden wird diesbezüglich primär auf die Erzählstrategie des *unzuverlässigen Erzählens* eingegangen, die ebenfalls im Film *Shutter Island* Anwendung findet.

3.5 Erzählstrategien im Film: Die unzuverlässige Erzählung

Die unzuverlässige Erzählung zeichnet sich zunächst dadurch aus, dass die Wahrnehmung der Hauptfigur – sei es bewusst oder unbewusst – nicht richtig und damit auch nicht zuverlässig ist. Die Zuschauer müssen sich den wahren Sachverhalt zunächst selbst erschließen. Das Prinzip der unzuverlässigen Erzählung stammt dabei aus der Literaturwissenschaft. Bereits der amerikanische Literaturwissenschaftler Wayne Booth erkannte das Grundschema dieser Erzählstrategie und legte seinen Fokus bezüglich der Unzuverlässigkeit aufgrund zunächst mangelender Terminologie zunächst nur auf den Erzähler.[20] Für ihn ist der Erzähler dann unzuverlässig, wenn er nicht mit den Normen des Werkes beziehungswiese Autors übereintritt und nicht in Übereinstimmung mit ihnen handelt. Demgegenüber handelt es sich um einen *zuverlässigen Erzähler*, wenn diese für die Normen des Werks einsteht.[21] Die Bezeichnung des unzuverlässigen *Erzählers* oder auch *unreliable narrators*, wurde von Nünning weiter gefasst.
Er bezieht sich nicht nur auf den Erzähler, sondern auf die gesamte Narration und spricht demnach von einer unzuverlässigen Erzählung, also einer *unreliable narration*. Dies öffnet den Raum auch für Beispiele, in denen sich keine explizite

---

[19] Maltby, Richard: *Hollywood cinema*. Oxford 2011. S. 489.
[20] Vgl. Krützen, Michaela: *Dramaturgie des Films. Das etwas andere Hollywood*. Frankfurt/Main 2010. S. 38.
[21] Vgl. Booth, zitiert in: Krützen 2010. S. 38.

Erzählerfigur erkennen lässt, was in vielen Filmen häufig der Fall ist. Vollständigkeitshalber ist zu erwähnen, dass eine unzuverlässige Erzählung das Auftreten eines unreliable narrators nicht ausschließt. Die unreliable narration ist vielmehr eine Definitionserweiterung des unzuverlässigen Erzählers.[22]

Damit der Zuschauer eine unzuverlässige Erzählung erkennen kann, ist eine entsprechende Lesestrategie notwendig. Dazu müssen textuelle Unstimmigkeiten und Widersprüche erkannt und aufgelöst werden:

> „Wenn ein Erzähltext textuelle Wiedersprüche aufweist oder wenn Diskrepanzen zwischen der Textwelt und dessen kontextuellen Bezugsrahmen vorhanden sind, können Rezipienten diese auflösen, indem sie den Text dadurch >naturalisieren<, dass sie Unstimmigkeiten auf die Erzählinstanz und deren mangelnde Glaubwürdigkeit zurückführen bzw. projizieren."[23]

Dieses Vorgehen kann vergleichbar auf die Filmrezeption übertragen werden, obgleich der Film mit anderen erzählerischen Mitteln arbeitet. Der Zuschauer ist in der Lage, die Widersprüche zu erkennen, indem er die Aussagen und das Handeln der Filmfigur mit seinem Wirklichkeitsmodell vergleicht und – beispielsweise unter Einbezug seines lebensweltlichen Allgemeinwissens – entscheidet, ob diese vereinbar sind. Der Rückbezug auf dieses Allgemeinwissen ist jedoch nicht immer die hilfreichste Methode. Sie kann nur dann zur Anwendung kommen, wenn das lebensweltliche Allgemeinwissen des Zuschauers mit dem im Film geltenden Wirklichkeitsmodell übereinstimmt. Der Zuschauer muss sich also ebenfalls am Werte- und Normensystem der Filmgeschichte orientieren, will er eine unzuverlässige Erzählung klar identifizieren. Dies verdeutlicht Krützen passend am Beispiel von *Harry Potter*. In dieser filmischen Welt sind Fabelwesen, Werwölfe und Zauberer durchaus real und nicht Teil einer unzuverlässigen Erzählung. Obgleich der Zuschauer diese Welt in seinem Wirklichkeitsmodell nicht kennt, scheint sie ihm möglich zu sein, da er sich am Werte- und Normensystem der Filmwelt orientiert.[24]

---

[22] Vgl. Krützen 2010. S. 39.
[23] Nünning, zit. in: Krützen 2010. S. 41.
[24] Vgl. Krützen 2010. S. 42–44.

„Maßstab der Beurteilung ist als nicht die *actual world* des Rezipienten, sondern die im Text entworfene Welt, die *textual actual world.*“[25] Diese Unterscheidung ist wichtig, möchte man eine unzuverlässige Erzählung identifizieren.

Insgesamt lassen sich drei große Spielarten des unzuverlässigen Erzählens ausmachen. Die erste Spielart umfasst Filme, in denen schnell vermittelt wird, dass die weltliche Wahrnehmung der Filmfigur unzutreffend ist. Der Zuschauer kann dies schnell erkennen, sodass am Ende des Films keine überraschenden Enthüllungen gezeigt werden. Die zweite Spielart zeichnet sich dadurch aus, dass die Aufdeckung der Unzuverlässigkeit im Vergleich zur ersten Spielart bis zum Filmende hinausgezögert wird und es zu einer überraschenden Enthüllung kommt. Der Zuschauer erkennt erst am Ende des Films, dass die Figur ihre Welt unzutreffend wahrnimmt.[26] Innerhalb dieser Arbeit ist allerdings die dritte besonders bedeutend: Der *last act twist*, der eine weitere Möglichkeit für ein überraschendes Filmende darstellt.

3.5.1 Der *last act twist*

Der *last act twist* stellt insofern eine Besonderheit dar, als dass er den Zuschauer auch am Ende des Films im Unklaren lässt und ihm im Vergleich zu den anderen beiden Spielarten der unzuverlässigen Erzählung eine Aufklärung vorenthält. Leschke fasst dies zusammen:

> „Das Erzählen hat offenbar seine Entschlossenheit verloren. Es wird mehrfach erzählt, es kann so sein oder auch anders und von diesem Auch-anders-sein-können wird das Publikum auch durch keine finale Lösung mehr befreit.“[27]

Am Ende des Films kann der Zuschauer also nicht eindeutig klären, ob es sich um eine unzuverlässige Erzählung handelt oder ob diese doch zuverlässig ist. Die Bezeichnung des *twist* bezieht sich dabei primär auf die Hauptfigur des Films, die in den meisten Fällen eine Wandlung erfährt. Es finden Offenbarungen, so genannte *identity-surprises* statt, die eine neue Bewertung für das bis dahin Gesehene erforderlich machen. Aufgrund der identity-surprises, also der Wandlung der Hauptfigur, erhalten vorangegangene Szenen eine neue Bedeutung. Der Zuschauer muss den Film also rückwirkend noch einmal im Inneren

---

[25] Ebd. S. 44.
[26] Vgl. Ebd. S. 46.
[27] Leschke/ Venus 2007. S. 197.

betrachten. Doch nicht nur für den Zuschauer, sondern auch für die Produktionen, die einen *last act twist* in der Erzählung planen, ergibt sich eine große Herausforderung. Während der Rezipient Szenen rückwirkend neuen Bedeutungen zuschreiben muss und damit einem komplexen Prozess der Neubewertung gegenübersteht, müssen Filmemacher Szenen in ihren Film einbinden, die genug Platz für die Interpretationsspielräume des Zuschauers lassen. Zur Verdeutlichung soll ein Beispiel dienen, welches bereits Krützen in ihren Aufzeichnungen anführt: In *Fight Club* leidet der Protagonist nicht an Schlaflosigkeit, wie er anfänglich beim Arzt berichtet. Der Schlafmangel ist vielmehr seiner Schizophrenie und seinem damit einhergehendem Nachtleben geschuldet, von dem er bewusst aber gar nichts weiß. Erst am Ende des Films kann auch der Zuschauer die vermeintliche Doppelidentität des Protagonisten erkennen und derartige Szenen rückwirkend entschlüsseln. Dass die Auflösung jedoch bis zum Schluss nicht offengelegt wird, ist dem Interpretationsspielraum der Szenen zu verdanken, die ein „sowohl als auch" in der Handlung zulassen. Diese Neudeutungen, die durch das *rrimary* and *secondary reading* bedingt sind, werden auch als *rückwirkende Überraschungsgeschichten* bezeichnet.[28] Zu betonen ist an dieser Stelle jedoch, dass in *Fight Club* die zweite Spielart Anwendung findet, da es eine hinausgezögerte Auflösung am Ende des Films gibt, der Zuschauer also nicht im Unklaren gelassen wird.

Es gibt in Filmen nun oft die Gegebenheit, dass Informationen rückwirkend eine größere Bedeutung erhalten können. Diesbezüglich lassen sich nach Krützen zwei Möglichkeiten erkennen. Zum einen werden zufällige Hinweise gegeben, die im Verlauf der Handlung relevant und damit explizit aufgegriffen werden. Dies ist laut Krützen in jedem Film des Hollywoodkinos vorzufinden. Daneben gibt es aber auch die Zeichen, auf die der Zuschauer im Vergleich zu den Hinweisen keinen rückwirkenden Verweis erhält. Der Zuschauer muss sich also an die Zeichen erinnern und sie rückwirkend deuten. An diesem Punkt setzen auch die rückwirkenden Überraschungsgeschichten[29] und somit auch der *last act twist* an. Der Zuschauer muss zur Entschlüsselung eine besondere Gedächtnisleistung erbringen und auf diese Weise das bereits Gesehene in den neuen Verlauf der Handlung integrieren. Die Zeichen, die bis dahin eventuell im Film gegeben

---

[28] Vgl. Krützen 2010. S. 47–49.
[29] Vgl. Ebd.: S. 47–49

wurden, sind dann nicht immer als Vorausdeutung zu identifizieren, sondern können darüber hinaus auch als falsch offenbart werden. Dies bedeutet, dass der Film rückwirkend einer Neubewertung seiner Figuren und ihren Handlungen unterzogen werden muss, was wiederum einen insgesamt komplexen Vorgang darstellt. Die englische Bezeichnung für diese Filme lautet daher *mindfuck*. Im deutschen Sprachgebrauch greift die Wissenschaft auf die Bezeichnung der *Gedankenspielfilme* zurück.[30]

Eine wesentliche Rolle für die (Nicht-) Auflösung am Ende des Films spielt die *Fokalisierung*, welche die Wahrnehmungsinstanz meint und aus der Literaturwissenschaft stammt.[31] Nach Genette gibt es drei Typen der Fokalisierung. Ist der Erzähler allwissend, wird dies demnach als *unfokalisierte Erzählung* bezeichnet. Eine Fokalisierung findet dann statt, wenn Informationen also selektiert werden, der Erzähler also nicht mehr als allwissend bezeichnet werden kann.[32] Weiß die Figur mehr als der Erzähler, so liegt eine *externe Fokalisierung* vor. Weiß der Erzähler dagegen genauso viel, wird dies als interne *Fokalisierung* bezeichnet.[33] Im Folgenden soll nach einer kurzen Hypothesendarlegung das Filmende in *Shutter Island* näher untersucht und potentielle Zeichen, die auf das Problem der Doppelidentität hindeuten, dargelegt werden.

4. Hypothese

Auf Grundlage der Forschungsfrage und des theoretischen Teils dieser Arbeit wurde eine Hypothese erstellt, die es im weiteren Verlauf zu überprüfen gilt:

H_1: Die Identitätskonstrukion des Protagonisten Edward Daniels erfolgt auf ***zwei*** *narrativen Ebenen im Film, die erst durch den last act twist deutlich werden.*

Diese Hypothese beinhaltet demnach die Frage, ob die Doppelidentität des Edward Daniels auf zwei narrativen Ebenen deutlich wird, welche im Analyseteil näher dargelegt werden. Dazu muss natürlich die Voraussetzung erfüllt sein, dass sich der Film auch auf zwei narrativen Ebenen bewegt. Diese werden laut der

[30] Vgl. Ebd. S. 47–49.
[31] Vgl. Ebd. S. 47–49.
[32] Vgl. Genette, Gérard: *Die Erzählung*. Stuttgart 2010. S. 217–218.
[33] Vgl. Genette, in: Krützen 2010. S. 67.

Hypothese jedoch erst durch das Filmende und durch den *last act twist* deutlich. Vorher kann der Zuschauer demnach nur eine narrative Ebene deuten, die am Ende des Films zunächst aufgelöst und letztlich in zwei Ebenen unterscheidbar wird.

5. Filmanalyse

In diesem Kapitel wird der Plot des Films *Shutter Island* zunächst erläutert. Anschließend wird das Filmende näher untersucht, wobei klar werden soll, warum ein *last act twist* vorliegt und wie die vermeintliche Doppelidentität der Hauptfigur zu bewerten ist. Daran anschließend wird untersucht, wie sich der *last act twist* in der gesamten Narration des Films bemerkbar macht und ob es zwei narrative Ebenen gibt (siehe H_1). Es soll geklärt werden, wie diese narrativen Ebenen zusammenspielen und wie die Doppelidentität dadurch gewährleistet wird.

5.1 Plot

Der Film spielt im Jahr 1954. Der US-Marshall Edward – Teddy – Daniels wurde beauftragt, dem Verschwinden von Rachel Solando nachzugehen, die eigentlich in der Nervenheilanstalt, dem *Ashecliffe Hospital*, auf Shutter Island (Boston) Patientin ist. Rachel soll ihre eigenen drei Kinder ertränkt und die Morde anschließend verdrängt haben. Dies ist auch der Grund, warum sie sich ihre eigene Weltkonstruktion bildet, in der jeder Angestellte Ashecliffes eine eigene Rolle inne hat.

Mit seinem neuen Partner, dem Marshall Chuck Aule, versucht Daniels das Verschwinden der Patientin aufzuklären. Die Situation wird jedoch erschwert, als ein Hurrikan aufzieht und jegliche Kommunikation mit dem Festland verhindert. Im weiteren Verlauf kommt auch Daniels Vergangenheit ans Licht: Früher gehörte er der Armee an, half sogar bei der Befreiung des Konzentrationslagers in Dachau. Es wird deutlich, dass er von diesen Erlebnissen ein starkes Träume davongezogen hat. Zudem kommt er nicht über den Tod seiner Frau hinweg, die bei einem Wohnungsbrand ums Leben kam, der laut Daniels vom damaligen Hausmeister Andrew Laeddis gelegt wurde. Laeddis soll nun ebenfalls in Ashecliffe stationiert sein, weshalb Daniels es sich heimlich zur Aufgabe gemacht hat, ihn dort zu finden.

Der Psychiater Dr. John Cawley steht den beiden Marshalls bei der Suche nach Rachel ständig zur Seite, wirkt an einigen Stellen jedoch nicht immer hilfsbereit, sodass der Verdacht entsteht, dass Cowley etwas verheimlichen möchte. In der Zwischenzeit ist Rachel Solando überraschenderweise wieder aufgetaucht, wodurch sich die Arbeit der Marshalls eigentlich erübrigen sollte. Die Sachlage wird jedoch komplizierter, als Daniels den Verdacht schöpft, dass die Anstalt im Leuchtturm der Insel geheime und unmenschliche Eingriffe an dem menschlichen Gehirnen der Patienten – so genannte transorbitale Lobotomien – vornimmt. Dadurch sollen Erinnerungen, das Schmerzempfinden und die Gefühle der Patienten manipuliert werden. Daniels' Partner Chuck verschwindet plötzlich, wobei der Verdacht aufkommt, dass dieser ebenfalls nur eine Rolle im Lügenkonstrukt der Anstalt zu spielen scheint. Daniels möchte das Geheimnis lüften und stößt bei seiner Suche nach Chuck an den Inselklippen auf eine Höhle. In dieser versteckt sich die vermeintlich wahre Rachel Solando, sodass die Patientin in der Klinik nur eine Schauspielerin zu sein scheint. Die wahre Solando gibt an, damals selbst Ärztin in Ashecliffe gewesen zu sein. Aufgrund ihres nicht-konformen Verhaltens wurde sie jedoch für verrückt erklärt. Aus diesem Grund sucht sie Schutz in diversen Schlupfwinkeln der Insel. Da Daniels bereits einige Medikamente und Zigaretten in der Anstalt konsumiert hat, stellt Solando den Verdacht auf, dass die Ärzte versuchen, somit in Daniels Psyche einzugreifen. Damit sollen seine Ermittlungsarbeiten gehindert und seine Glaubwürdigkeit als Polizist geschwächt werden.

Nachdem Daniels wieder nach Ashecliffe zurückkehrt und seine Suche nach Chuck fortsetzt, will Dr. Cowley ihm klarmachen, dass er niemals einen Partner hatte, es also gar keinen Chuck gegeben hat. Daniels Verdächtigungen erhärten sich und er vermutet, dass Chuck ebenfalls Opfer der Eingriffe wird, sodass er sich letztlich auf den Weg zum Leuchtturm macht um Chuck wiederzufinden. Nachdem er sich Zugang zum Leuchtturm verschaffen konnte, erwartet ihn im obersten Zimmer des Turm Dr. Cowley.

Es stellt sich heraus, dass Daniels eigentlich selbst Andrew Laeddis ist und sich bereits seit zwei Jahren als Patient in der Klinik aufhält. Die Ursache für seinen Wahnsinn liegt in seiner eigenen Familientragödie: Seine damalige Frau Dolores soll die drei gemeinsamen Kinder im See ertränkt haben, woraufhin er sie erschoss. Laeddis will diese Tragödie jedoch nicht wahrhaben, weswegen er sich seine eigene Weltkonstruktion erbaut, in der er ein US-Marshall ist, der die geheimen Machenschaften der Anstalt aufdecken will. Darüber hinaus wird deutlich, dass Chuck nicht sein Partner, sondern sein behandelnder Arzt Dr. Sheehan, ist. Die Ärzte haben somit nur ein therapeutisches Rollenspiel durchgeführt, um Laeddis zu helfen, seine wirkliche Identität anzuerkennen.

Würde das Experiment – welches laut Dr. Cowley bereits zum zweiten Mal wiederholt wurde - keinen Erfolg zeigen, müssten sie letztlich eine Lobotomie durchführen, um Laeddis' Gewalttätigkeit und Wahn Einhalt zu gebieten. Zunächst scheint das Rollenspiel von Erfolg gekrönt. Als Dr. Sheehan seinen Patientin Laeddis zu einem späteren Zeitpunkt trifft und seinen mentalen Zustand überprüfen will, gibt sich Laeddis jedoch wieder als der US-Marshall Daniels aus- Da das Rollenspiel nun doch erfolglos zu sein scheint, holen die Pfleger – bereits mit einem Operationsinstrument in der Hand – Laeddis ab, wobei dieser vorab noch zu Dr. Sheehan sagt: „An diesem Ort frag ich mich, [kurze Unterbrechung durch Sheehan] was wäre schlimmer: Zu leben wie ein Monster oder als guter Mann zu sterben?".[34] Mit diesem Satz geht Laeddis zu den Pflegern, um von diesen abgeführt zu werden.[35]

5.2 Der *last act twist*: Schizophren oder nicht?

Bei der ersten Betrachtung des Filmendes entsteht zunächst der Anschein, dass der US-Marshall Edward Daniels eigentlich selbst Andrew Laeddis und somit ein Patient der Nervenheilanstalt in Ashecliffe ist. Das gesamte Rollenspiel rund um die Ermittlungen zu Rachel Solandos Verschwinden war lediglich eine Therapiemaßnahme. Somit wäre das Ende streng genommen nicht als *last act twi*st zu bezeichnen, sondern würde eher der zweiten Spielart angehören, bei der die Auflösung bis zum Ende hinausgezögert wird und der Zuschauer letztlich Klarheit über die Auflösung der Geschichte erhält. Doch bei einer tiefergehenden Analyse der Geschehnisse im Film wird deutlich, dass das Ende nicht so klar zu bewerten ist, wie es zunächst erscheint. Im Filmverlauf gibt es immer wieder verschiedene Handlungen und Zeichen, die gegen diese Auflösung sprechen und eine völlige Aufklärung der Identität des Protagonisten somit verhindern. Auf Grundlage des Sequenzprotokolls (siehe Kapitel 8) werden in diesem Abschnitt die Für und Wider der Doppelidentitäten dargelegt und näher analysiert, sodass letztlich klar werden soll, warum das Ende doch als *last act twist* bezeichnet werden kann. Dabei werden aufgrund des begrenzten Umfangs dieser Arbeit nicht alle, sondern

[34] Vgl. Sequenzprotokoll, Sequenz 41.

[35] Vgl. Plot Summary zu Shutter Island. Auf *IMdB.com*. Online: http://www.imdb.com/title/tt1130884/plotsummary?ref_=tt_ql_ [21.07.2013].

nur ausgewählte Zeichen analysiert, die der Übersichtlichkeit halber jeweils mit Nummern gekennzeichnet sind.

Bis zur vermeintlichen Auflösung des Films wird dem Zuschauer zunächst der Eindruck vermittelt, es handele sich bei Edward Daniels um einen US-Marshall, der geheime und unmenschliche Machenschaften der Anstalt aufdecken möchte. Die Ärzte wollen dies verhindern und verabreichen ihm in Form von Kopfschmerztabletten, Kaffee und Zigaretten, Medikamente. Erst mit der Auflösung am Ende des Films wird offenbart, dass er eigentlich aufgrund des Mordes an seiner Frau und seinem Kriegstrauma selbst als Patient in der Klinik stationiert ist und das Rollenspiel eine innovative Therapiemethode darstellt. Wird der Film anschließend rückblickend betrachtet, sprechen viele Zeichen zunächst für diese vermeintliche Auflösung.

(1) Bereits bei der Ankunft der Marshalls auf der Insel, werden diese von mehreren Sicherheitsbeamten empfangen, die den Eindruck erwecken, jederzeit schussbereit und hochkonzentriert zu sein. Als Edward Daniels laut bemerkt, dass ihm die Sicherheitsbeamten nervös erscheinen, antwortet ihm ein Beamter: „Zur Zeit sind wir das alle, Marshall.“[36] Auch auf die Frage eines Beamten, dass er solch eine Marshall-Marke wie die von Daniels noch nie gesehen hat, weiß Daniels selbst keine Antwort.[37] Dies kann zweifellos darauf hindeuten, dass Daniels tatsächlich der hochgefährliche Patient und kein beauftragter Marhsall ist. Die Szene könnte bedeuten, dass das Therapie-Rollenspiel nun unter strenger Aufsicht der Sicherheitsbeamten begonnen hat. Diese sind entsprechend nervös, da Daniels zu den gefährlichsten Patienten der Einrichtung gehört und durch seine Armeezeit ein gut ausgebildeter Kämpfer ist. Zugleich soll Daniels der fehlende Realitätsbezug seiner erdachten Wirklichkeitskonstruktion nahegelegt werden. Dies wird beispielweise durch den Kommentar zu der ungewöhnlich wirkenden Marshall-Marke verdeutlicht.

(2) Des Weiteren wirkt der Weg zum Gebäude der Nervenheilanstalt rückblickend irritierend, da ein Patient Daniels zuwinkt[38] und in Anbetracht des überraschenden Filmendes der Eindruck verstärkt wird, dass der Patient Daniels

---

[36] Vgl. Sequenzprotokoll, Sequenz 6.
[37] Vgl. Sequenzprotokoll, Sequenz 6.
[38] Vgl. Sequenzprotokoll, Sequenz 7.

bereits kennt. Dies kann dadurch erklärt werden, dass Daniels selbst Patient und den anderen Bewohnern bereits bekannt ist.

(3) Als Daniels und Chuck sich wenig später an den Klippen auf die Suche nach der vermeintlich vermissten Patientin Rachel Solando machen, erwecken die Sicherheitsbeamten, die dort eigentlich ebenfalls fieberhaft auf der Suche sein sollten, einen eher gelangweilten und unbeschäftigten Eindruck. Während einige tatenlos auf Steinen sitzen und die Zeit abwarten, wirkt die Suche anderer Beamter wenig bemüht und zielorientiert.[39] Rückblickend könnte dies ebenfalls die Theorie eines Therapie-Rollenspiels bestätigen, in dessen Kontext die Sicherheitsbeamten gar nicht nach einer Patientin namens Solando suchen, sondern nur Daniels Wahrnehmung einer laufenden Ermittlung verstärken sollen.

(4) Eine weitere Unklarheit eröffnet sich nach circa 25 Filmminuten: Da die Psychiater nicht sofort gewillt sind, Daniels Einblick in alle Personalakten zu verschaffen, will dieser die Ermittlungen vorzeitig beenden. Er sagt: „Die Untersuchung ist vorbei, wir schreiben unseren Bericht und schicken ihn dann rüber zu…“ In diesem Moment stockt er, da er offensichtlich nicht weiß, wohin er den Bericht eigentlich schicken soll. Erst sein Partner Chuck beendet den Satz mit einem „Hoovers Jungs“, was Daniels sofort bestätigt. Daraufhin geschieht ein kurzer, jedoch vertraut wirkender Blickwechsel zwischen Dr. Cowley und Chuck.[40] Dies lässt die Annahme zu, dass Daniels kein US-Marshall ist, schließlich wüsste dieser doch sofort, wohin er anstehende Ermittlungsberichte zu schicken hätte. Stattdessen befindet er sich in einem selbst erdachten Rollenspiel-Konstrukt, in dem er sich lediglich einbildet, ein ermittelnder US-Marshall zu sein. Auch der Blickwechsel zwischen Chuck und Cowley verstärkt diesen Eindruck. Schließlich wird am Ende des Films klar, dass die beiden Männer sich kennen und als Ärzte in Ashecliffe tätig sind.

(5) Die Befragung eines Patienten erscheint unter Einbezug des Filmendes ebenfalls irritierend. Daniels schafft es gekonnt, den ersten Befragten geistig zu verunsichern und ihn so weit zu bringen, dass dieser die Beherrschung verliert. Auf Nachfrage von Chuck erklärt Daniels, dass er solche Patienten kenne.[41] Allerdings bleibt fraglich, woher er die genauen Verhaltensmuster der Patienten

---

[39] Vgl. Sequenzprotokoll, Sequenz 12a.
[40] Vgl. Sequenzprotokoll, Sequenz 15i.
[41] Vgl. Sequenzprotokoll, Sequenz 18a.

kennt, wenn er vorher noch nicht auf der Insel war. Hier drängt sich sofort der Gedanke auf, dass Daniels sich unterbewusst an den Patienten erinnert, da er selbst seit zwei Jahren in Ashecliffe behandelt wird.

(6) Als die vermeintliche Rachel Solando später plötzlich wieder in Ashecliffe auftaucht[42], fällt auf, dass sie keinen einzigen Kratzer oder Verletzungen von ihrer Flucht davongetragen hat - beachtet man das wild bewucherte Gebiet rund um die Nervenheilanstalt, die steilen Klippen an der Küste und das stürmische bis regnerische Wetter.[43] Dieses kleine Auffälligkeit - wenn sie auch nur als kleines Indiz zu werten ist - spricht dafür, dass die Flucht Solandos und die nötigen Ermittlungsarbeiten nicht real, sondern nur Teil eines Rollenspiels sind.

(7) Ebenso verdächtig erscheint der Dialog zwischen Daniels und dem Patienten George Noyce aus Station C, die zur gefährlichsten Station der Anstalt gehört. Auf Daniels Nachfrage, woher die Narben in Noyce Gesicht stammen, beschuldigt dieser Daniels. Noyce' Aussage wirft Fragen auf: „Es geht um dich, um Laeddis. Es ist immer nur darum gegangen."[44] Dieser Satz bestätigt rückblickend die Theorie, dass es sich um ein Rollenspiel handelt und es keine realen Ermittlungsarbeiten gibt. Daniels wäre somit die Hauptfigur in seinem eigenen therapeutischen Ermittlungsspiels.

(8) Die vermeintliche Auflösung wird ebenso unterstützt, als Chuck plötzlich verschwindet und Daniels ihn leblos am Fuße der Klippen entdeckt. Als er am dort ankommt, ist Chuck nicht mehr auffindbar.[45] An dieser Stelle scheint es, als würde Daniels lediglich halluzinieren und kaum mehr Herr seiner Sinne sein. Eine weitere potentielle Halluzination verbirgt sich hinter dem Treffen mit der wahren Rachel Solando, die er während der Suche nach Chuck in einer Höhle in den Klippen findet. Ohne dass Daniels sich vorstellen muss, weiß sie sofort, dass er der US-Marshall ist.[46] An dieser Stelle kommt die Frage auf, woher sie dies wissen konnte. Schließlich ist sie seit seiner Ankunft auf der Flucht. Es drängt sich die Vermutung in den Raum, dass diese Rachel eine Halluzination darstellt und nur in Daniels' Kopf existiert. In diesem Fall kann sie ohne weiteres Vorwissen erkennen kann, dass er der beauftragte US-Marshall ist.

---

42 Vgl. Sequenzprotokoll, Sequenz
43 Vgl. Sequenzprotokoll, Sequenz 25.
44 Vgl. Sequenzprotokoll, Sequenz 31b.
45 Vgl. Sequenzprotokoll, Sequenz 33.
46 Vgl. Sequenzprotokoll, Sequenz 34a.

(9) Besonders deutlich wird seine Rolle als Patient am Ende des Films, als er im Leuchtturm nach Indizien für die geheimen Gehirnoperationen sucht und lediglich auf Dr. Cowley trifft. Dieser erklärt Daniels sehr plausibel seine Doppelidentität, welche durch die Familientragödie und dem daraus resultierenden Mord an seiner Frau verursacht wird. Darüber hinaus wird klar, dass Chuck eigentlich Daniels Psychiater Dr. Sheehan ist.[47] Letztlich gibt Daniels sogar zu, Andrew Laeddis zu sein, auch wenn dies in der letzten Szene des Films gewissermaßen durch sein erneutes Auftreten als US-Marshall Edward Daniels revidiert wird.[48] Insgesamt wirkt der Erklärungsversuch der Ärzte für den Zuschauer nachvollziehbar, zudem auch Daniels' Verhalten diese Lösung zu bestätigen scheint. Trotzdem gibt es rückblickend einige Stellen im Film, die dieses Ende anzweifeln und Raum für eine andere Vermutung lassen.

So ist es rückblickend ebenfalls durchaus möglich, dass Daniels ein US-Marshall ist, welcher kurz davor war, die geheimen Gehirnoperationen in der Nervenheilanstalt aufzudecken, dann jedoch durch gezielten Eingriff aller Angestellten in den Wahnsinn getrieben wurde. Zur weiteren Erläuterung dieser Vermutung ist eine kurze Hintergrundinformation notwendig: Daniels verdächtigt die Nervenheilanstalt, grausame Eingriffe in das menschliche Gehirn, so genannte transorbitale Lobotomien, vorzunehmen. Im Film wird erklärt, dass dieser Eingriff sowohl Schmerz und Empfinden der Menschen, als auch ihre Erinnerungen manipulieren kann. Nun kann rückblickend die Vermutung aufgestellt werden, dass Daniels bereits in einer früheren Zeit eines solchen Eingriffes unterzogen und seine Erinnerungen dadurch zu Gunsten der Anstalt manipuliert wurden um ihn quasi verrückt und somit unglaubwürdig zu machen. Beachtet man diese Vermutung, lassen sich einige Szenen – auch einige der eben erklärten – ebenso anders interpretieren.

(1) Die Manipulation von Daniels Erinnerungen und Allgemeinbefinden könnte sich durch die ständige und heimliche Vergabe von Medikamenten und Narkoleptika in Form von Zigaretten und Kopfschmerztabletten äußern. Die Ärzte und Pfleger der Anstalt bieten Daniels häufig Zigaretten an. Ein Beispiel dafür findet sich in der ersten Szene, in der Chuck ihm Zigaretten anbietet, da Daniels

---

[47] Vgl. Sequenzprotokoll, Sequenzen 40a–40d.
[48] Vgl. Sequenzprotokoll, Sequenz 41.

seine Packung unerklärlicherweise nicht finden kann.[49] Wie am Ende des Films klar wird, gehört Chuck – alias Dr. Sheean – offensichtlich zum Personal von Ashecliffe. Darüber hinaus verabreicht ihm auch Dr. Cowley Tabletten, da Daniels über Seekrankheit und Kopfschmerzen klagt.[50] Offensichtlich wird diese ständige Vergabe von Mitteln auch, als ein Pfleger ihm zwei Schachteln seiner eigenen Zigaretten schenkt.[51] Mit zunehmender Vergabe von Zigaretten und Kopfschmerztabletten häufen sich auch die Halluzinationen und Traumerscheinungen des Marshalls. Erinnerungen an die Befreiung von Dachau werden durch Flashbacks dargestellt und stehen gleichzeitig für sein Trauma, dass Daniels durch seine Militärzeit erlitten hat. Die Erinnerung kann somit als Ausdruck seines Traumas interpretiert werden[52], auf dessen Grundlage die Medikamente ihre Wirkung zeigen können. Daneben ist es ebenso möglich, dass diese Medikamente auch erst die Ursache dieser Traumata sind.

(2) Bereits zu Beginn des Films wird offensichtlich, dass Daniels‘ Partner Chuck kein US-Marshall sein kann. Als die beiden Marshalls nach ihrer Ankunft auf der Insel aufgefordert werden, ihre Waffen abzugeben, ist Chuck nicht in der Lage, seine Waffe schnell aus dem Halfter zu lösen. Stattdessen wirkt seine Handhabung eher unbeholfen und ungeübt.[53] Dieses Indiz spricht dafür, dass Chuck nur eine instruierte Person aus Ashecliffe ist. Schließlich sollte ein ausgebildeter US-Marshall im Umgang mit der Waffe geschulter wirken.

(3) Die Befragung der Patienten wirft ebenfalls Unklarheiten auf. Als Daniels einen kurzen Moment mit einer Patientin allein am Tisch sitzt, schreibt diese in sein Notizbuch „Run“ (Lauf weg). Darüber hinaus verhält sie sich sehr nervös, ihre Antworten bezüglich Rachel Solando wirken wie auswendig gelernt.[54] Alles deutet darauf hin, dass die Frau klaren Instruktionen folgt und versucht, Daniels in einem unbeobachteten Moment, vor der Klinik zu warnen.

(4) Das Gespräch mit George Noyce – wurde es bis zu dieser Stelle lediglich als Indiz für Daniels Dasein als Patient in Ashecliffe gewertet – beinhaltet jedoch eine weitere Interpretationsmöglichkeit. So entgegnet Noyce, nachdem Daniels

---

[49] Vgl. Sequenzprotokoll, Sequenz 5, S. und Vgl. Sequenz 19.
[50] Vgl. Sequenzprotokoll, Sequenz 9c.
[51] Vgl. Sequenzprotokoll, Seuqenz 23.
[52] Vgl. Mohr, Stefan: *Formen und Funktionen des Erinnerns im Hollywood-Film der neunziger Jahre.* Alfeld/Leine 1999. S. 27.
[53] Vgl. Sequenzprotokoll, Sequenz 7.
[54] Vgl. Sequenzprotokoll, Sequenz 18b.

Vertrauen in seinen Partner Chuck äußert: „Dann haben die schon gewonnen.“[55] Die Wortwahl irritiert in diesem Fall, vor allem wenn berücksichtigt wird, dass Noyce ebenfalls befürchtet, in den Leuchtturm gebracht zu und Opfer der Gehirnoperationen zu werden.[56]

(5) Ebenso auffällig ist die Tatsache, dass Daniels ungewöhnlich oft allein oder nur mit seinem Partner Chuck unterwegs ist, soll Daniels doch eigentlich einer der gefährlichsten Patienten der Anstalt sein.[57]

(6) Daneben verstärkt die Begegnung mit der wahren Rachel Solando andererseits den anfänglichen Verdacht, Daniels sei einem grauenhaften Geheimnis auf der Spur und würde sukzessive von den Mitarbeitern Ashecliffe manipuliert werden. Rachel entpuppt sich als Ärztin, die ebenfalls in der Nervenklinik tätig war. Erst durch ihre zunehmenden Nachfragen bezüglich der Gehirnoperationen und Medikamentenlieferungen wurde sie von den dortigen Ärzten für verrückt erklärt. Im Gespräch macht Daniels ihn darauf aufmerksam, dass in den Zigaretten, den Tabletten und sogar im Kaffee Narkoleptika und Medikamente enthalten seien, die ihm Schritt für Schritt die Kontrolle über seinen Körper rauben.[58] Handelt es sich bei dieser Begegnung mit Solando also doch nicht um eine Halluzination, bestätigt dies den Verdacht, dass Daniels Opfer einer grauenvollen Vertuschungskampagne ist und durch den heimlichen Zufluss von Medikamenten willenlos gemacht wird.

(7) Zudem wirft auch Dr. Cowleys Verhalten Fragen auf. Als Daniels zu Beginn des Films Cowleys Haus betritt, läuft im Hintergrund klassische Musik.[59] Das gleiche Lied kommt jedoch auch in den Flashbacks vor, in denen Daniels den Nazi im Konzentrationslager langsam an seinen Schusswunden sterben lässt, anstatt ihn kurzerhand selbst zu erschießen.[60] Das dadurch bedingte Trauma wird also durch Dr. Cowley mit Hilfe der Musik hervorgerufen, wie auch die darauffolgenden Flashbacks bestätigen. Doch wie konnte der Psychiater wissen, welches Lied die Schallplatte im Büro des Nazis verlauten ließ? Schließlich erklärt Dr. Cowley am Filmende selbst, dass sich Daniels seit zwei Jahren in der Anstalt befindet und seither fest an seiner Identität als Edward Daniels festhalte.

[55] Vgl. Sequenzprotokoll, Sequenz 31b.
[56] Vgl. Sequenzprotokoll, Sequenz 31b.
[57] Vgl. Sequenzprotokoll, Sequenz 20a/ Sequenz 33.
[58] Vgl. Sequenzprotokoll, Sequenz 34a.
[59] Vgl. Sequenzprotokoll, Sequenz 15a.
[60] Vgl. Sequenzprotokoll, Sequenzen 15b–15h.

Es kann also kaum möglich sein, dass Daniels dem Psychiater von diesem Lied erzählt hat, verdrängt er doch seine Vergangenheit. An dieser Stelle drängt sich der Verdacht auf, dass die Psychiater durch gezielte Eingriffe in Daniels Gehirn Erinnerungen zu ihren Gunsten manipulieren, um Daniels Trauma zu verstärken und ihn letztlich mental unzurechnungsfähig zu machen. Diese These wird durch ein ähnliches Indiz am Ende des Films gestärkt.

(8) Als Daniels im Leuchtturm ankommt und in der obersten Etage auf Dr. Cowley trifft, begrüßt ihn dieser mit den Worten: „Du bist ja ganz nass, Baby."[61] Das sind genau die Worte, die – wie in einem Flashback gezeigt wird – der vermeintliche Andrew Laeddis sagt, nachdem er von einer Ermittlungsreise nach Hause kommt und kurz darauf seine durchnässte Frau und die drei ertränkten Kinder entdeckt.[62] Doch wie kann Dr. Cowley den genauen Wortlaut dieses Satzes kennen? Schließlich verdrängt Daniels laut den Ärzten diese Erinnerung. Darüber hinaus gab es keine weiteren Zeugen. Zumal Daniels nur seine Frau und nicht seine Kinder auch nach der vermeintlichen Auflösung nie namentlich erwähnt. Betrachtet man Daniels Verhalten zusammengefasst, wird schnell deutlich, dass eine gewisse emotionale Bindung zu seinen Kindern zu fehlen scheint.[63] Es ist auch an dieser Stelle also unwahrscheinlich, dass Daniels Dr. Cowley vom genauen Wortlaut der Situation erzählt hat. Dies bestärkt den Verdacht, dass die Erinnerungen gezielt – vermutlich durch die Anwendung von Lobotimien - von den Ärzten in Ashecliffe eingepflanzt wurden, um Daniels und seine Ermittlungen außer Gefecht zu setzen. Dies wird zudem durch die Tatsache gestützt, dass am Ende des Filmes tatsächlich eine Lobotomie durchgeführt werden soll. Als Pflegekräfte Daniels abholen sieht der Zuschauer unter einem Tuch versteckt die Operationsinstrumente für die Gehirnmanipulation.[64].

(9) Die Verwirrung des Zuschauers wird durch die letzte Handlung im Film komplettiert: Während es scheint, dass Daniels seine wahre Identität doch nicht anerkennt und die Rollentherapie damit gescheitert zu sein scheint, sagt er zu Dr. Sheen (Chuck): „An diesem Ort [Ashecliffe] frage ich mich [...], was wäre schlimmer: Zu leben wie ein Monster oder als guter Mann zu sterben?" Als Dr.

---

[61] Vgl. Sequenzprotokoll, Sequenz 40a.
[62] Vgl. Sequenzprotokoll, Sequenz 40c.
[63] Vgl. Wistfulwriter: *The Shutter Island Mistery: A Visual Analysis (and explanation of the ending).* Auf: *wistfulwriter.com.* Online: http://wistfulwriter.com/2010/08/the-shutter-island-mystery-a-visual-analysis [27.07.2013].
[64] Vgl. Sequenzprotokoll, Sequenz 40a.

Sheehan ein letztes Mal fragend „Teddy“ ruft, reagiert Daniels gar nicht erst, sondern geht direkt zu den Pflegern, die ihn vermutlich zur anstehenden Lobotomie abholen.[65] Hier drängt sich nun auch für den Zuschauer die Frage nach der wahren Identität des Protagonisten auf, da dieser dessen Zurechnungsfähigkeit nicht geklärt wird. Rückblickend lässt sich feststellen, dass unverkennbar ein *last act twist* in *Shutter Island* vorliegt und der Film am Ende nur scheinbar aufgelöst wird. Dieses Spiel mit den Erzählstrategien macht sich in der Narration klar bemerkbar.

5.3 Der *last act twist* in Shutter Island: Die narrative Umsetzung im Film

Die Doppeldeutigkeit der Narration in *Shutter Island* ist für den Zuschauer bei der ersten Filmrezeption bis circa 01:40:00 kaum beziehungsweise gar nicht wahrnehmbar. Alles deutet darauf hin, dass Daniels ein US-Marshall ist, der zunehmend von den Ärzten in Ashecliffe willenlos gemacht wird. Dieses Spiel der Identitäten, welches sich erst durch die scheinbar logischen Erklärungen Cowleys im Leuchtturm offenbart, wird auch durch den Einsatz einer internen Fokalisierung gestützt: Da es keinen direkten Erzähler im Film gibt, sondern der Zuschauer das Geschehen aus der Sicht des Edward Daniels wahrnimmt, wird Genettes Ansatz der Fokalisierung an dieser Stelle auf die Beziehung zwischen Zuschauer und Daniels übertragen. Der Zuschauer weiß genauso viel wie Daniels, die Informationsstände sind also identisch, was auf eine interne Fokalisierung hindeutet. Erst durch diese interne Fokalisierung ist es möglich, den *last act twist* und die *identity surprise* erfolgreich umzusetzen.

Obgleich zunächst nur eine reguläre Erzählebene existiert, differenzieren sich nach dem *last act twist* zwei narrative Ebenen. Nachdem Edward Daniels vermeintlich als Andrew Laeddis enttarnt wurde, muss der Zuschauer die bisherigen Szenen erneut vor dem inneren Auge ablaufen lassen und sie einer Neubewertung unterziehen. Aus der vermeintlichen Auflösung entsteht durch diesen Prozess ein *last act twist*, der gleichzeitig eine zweite potentielle Erzählebene offenbart: Die erste Erzählebene beschreibt die Geschichte des Andrew Laeddis, der versucht, als Edward Daniels den Mord an seiner Frau zu verdrängen. Die Nervenheilanstalt unterzieht Laeddis einem therapeutischen Rollenspiel, um ihn von seiner Dop-

[65] Vgl. Sequenzprotokoll, Sequenz 41.

pelidentität zu heilen. Die zweite Erzählebene beschreibt jedoch die Geschichte des US-Marshalls Edward Daniels, der die unmenschliche Machenschaften in Ashecliffe aufdecken will und durch gezielte Gehirnwäsche (Lobotomien) in eine mentale Instabilität versetzt, letztlich verrückt und damit unglaubwürdig gemacht wird. Diese beiden Ebenen – so scharf sie sich in der Theorie trennen lassen – sind im Film selbst nicht immer eindeutig differenzierbar. So lassen verschiedene Sequenzen Doppelinterpretationen zu, die sowohl die erste als auch die zweite Erzählebene stützen. Beispielhaft hierfür steht die Begegnung mit der vermeintlich wahren Rachel Solando in der Höhle, die Daniels über die Machenschaften der Nervenanstalt aufklärt, gleichzeitig jedoch auch für Unklarheiten sorgt und ebenso gut eine Halluzination des verrückten Laeddis sein kann (siehe 5.2).[66] Die Erzählebenen sind also klar in den einzelnen Handlungssträngen miteinander verwobenen. Sie lassen sich im Vergleich zu den Handlungen in *The Sixth Sense* auch nach dem Film jedoch nicht klar auflösen. Dabei ist zu betonen, dass die beiden Narrationsebenen in *Shutter Island* nicht zusammen existieren können. Die jeweiligen Inhalte der Ebenen sind zu gegensätzlich und schließen einander aus. Der Zuschauer muss sich letztlich für eine Ebene entscheiden, auf dessen Grundlage er den Film bewerten möchte.

5.4 Hypothesenprüfung

Die Hypothese H_1 kann in diesem Fall klar verifiziert werden:

H_1: Die Identitätskonstrukion des Protagonisten *Edward Daniels* erfolgt auf **zwei** narrativen Ebenen im Film, die erst durch den *last act twist* deutlich werden.

Wie durch die Analyse deutlich wurde, gibt es zwei narrative Ebenen, die aber erst durch den *last act twist* hervortreten. Vorab nimmt der Zuschauer nur die erste Ebene des nervenkranken Andrew Laeddis wahr. Erst durch die rückblickende Interpretation der verschiedenen Sequenzen tritt eine zweite Möglichkeit und somit eine zweite potentielle narrative Ebene hervor. Die Konstruktion der Identität des Protagonisten erfolgt somit auf zwei verschiedenen Erzählebenen, die im Bezug auf eine Interpretation der *identity surprise* jedoch nur einzeln und nicht kooperativ existieren können.

[66] Vgl. Sequenzprotokoll, Sequenz 34a.

6. Fazit

Zusammenfassend lässt sich feststellen, dass die Erzählstrategie in *Shutter Island* eine äußerst komplexe und verwobene Erzählung beinhaltet, die sich nach dem Ende des Films in zwei narrative Ebenen aufspalten lässt. Diese umfassen wiederum zwei verschiedene Auflösungsmöglichkeiten. Die Differenzierung der narrativen Ebenen wird jedoch erst durch den *last act twist* deutlich. Bis zur letzten Sequenz erscheint der Film in der Erzählung zwar komplex, doch wird den Zuschauern zunächst das Gefühl einer Auflösung geboten. Diese beinhaltet die Annahme, dass Edward Daniels als Andrew Laeddis und somit auch seine Existenz als Patient in Ashecliffe entlarvt wird. Erst mit dem letzten Satz des Protagonisten in Sequenz 41 wird klar, dass der Protagonist anscheinend doch eines klaren Urteils fähig ist. Es wird jedoch nicht aufgelöst, worauf er sich genau bezieht, sodass spätestens an diesem Punkt ein Denkprozess im Zuschauer in Gang gesetzt wird, der eine erneute, rückblickende Beurteilung und Interpretation der verschiedenen Szenen im Film hervorruft.

Dahingehend eröffnen sich mehrere Möglichkeiten: Der Zuschauer ist entweder unschlüssig, welcher narrativen Ebene er mehr Glauben schenken soll. Er kann sich aber ebenso für eine Ebene entscheiden, auf deren Grundlage er den Film für sich selbst interpretiert. Der Zuschauer – sollte er nicht unschlüssig sein – kann jedoch nicht beide Ebenen als Interpretationsgrundlage wählen um die Identität des Protagonisten zu klären. Die zwei Ebenen können nicht koexistieren, sondern sind in der Filmpraxis nur einzeln anwendbar – vorausgesetzt, die wahre Identität des Protagonisten soll geklärt werden. Dabei ist zu betonen, dass keine der beiden Ebenen eine völlige Richtigkeit für sich beanspruchen kann. Es ist also oftmals eine Doppelinterpretation der Sequenzen möglich, die sich durch den *last act tw*ist nicht auflöst, sondern durch ihn erst deutlich gemacht wird. Der *last act twist* ist damit nicht nur ein Faktor, der die Auflösung der Identitätsfrage in Gang setzt, sondern auch ein gekonntes Mittel, die verschiedenen Narrationsmöglichkeiten im Film transparent zu machen.

Die Erzählung beinhaltet viele weitere Merkmale, die Doppelinterpretationen zulassen, aus Platzgründen hier jedoch keine Beachtung finden konnten. Diese Arbeit sollte daher als Ansatz für tiefergehende Analysen von *Shutter Island* gesehen werden.

7. Quellenverzeichnis

7.1 Literatur

Bienk, Alice (2008): Filmsprache. Einführung in die interaktive Filmanalyse. Marburg: Schüren-Verlag.

Christen, Thomas (2002): Das Ende im Spielfilm. Vom klassischen Hollywood zu Antonionis offenen Formen. Marburg: Schüren Verlag.

Eder, Jens (1999): Dramaturgie des populären Films. Hamburg: LIT Verlag.

Elsaesser, Thomas (2009): Hollywood heute. Geschichte, Gender und Nation im postklassischen Kino. Berlin: Bertz + Fischer.

Genette, Gérard (2010): Die Erzählung (E-Book). Stuttgart: UTB GmbH.

Hickethier, Knut (2007): Film- und Fernsehanalyse. Weimar: Metzler Verlag.

Krützen, Michaela (2010): Dramaturgien des Films. Das etwas andere Hollywood. Frankfurt am Main: Fischer Verlag.

Leschke, Rainer/ Venus, Jochen (Hrsg.) (2007): Spielformen im Spielfilm. Zur Medienmorphologie des Kinos nach der Postmoderne. Bielefeld: transcript Verlag.

Maltby, Richard (2003): Hollywood cinema. Second edition. Oxford: Blackwell Publishing.

Mohr, Stefan (1999): Formen und Funktionen des Erinnerns im Hollywood-Film der neunziger Jahre. Band 64 der Reihe „Aufsätze zu Film und Fernsehen". Alfeld/ Leine: Coppi-Verlag.

7.2 Internetquellen

Internet Movie Database (o.J.): Box Office zu Shutter Island [online]. <<http://www.imdb.com/title/tt1130884/?ref_=sr_1>>, <letzter Zugriff: 18.07.2013>.

Internet Movie Database (o.J.): Plot Summary for Shutter Island [online]. <<http://www.imdb.com/title/tt1130884/plotsummary?ref_=tt_ql_6>>, <letzter Zugriff: 21.07.2013>.

Internet Movie Database (o.J.): Sixth Sense [online]. <<http://www.imdb.com/title/tt0167404/?ref_=sr_1>>, <letzter Zugriff: 18.07.2013>.

Internet Movie Database (o.J.): Full cast and crew for Shutter Island [online]. <<http://www.imdb.com/title/tt1130884/fullcredits?ref_=tt_cl_sm#cast>>, <letzter Zugriff: 27.07.2013>.

Wistful Writer (2013): The Shutter Island Mistery: A Visual Analysis (and explanation of the ending) [online]. <<http://wistfulwriter.com/2010/08/the-shutter-island-mystery-a-visual-analysis>>, <letzter Zugriff: 27.07.2013>.

8. Stab

Allgemeines:

Originaltitel: Shutter Island

Deutscher Titel: Shutter Island

Genre: Mystery, (Psycho-) Thriller

Produktionsland: USA

Erscheinungsjahr: 2010

Filmlänge: 138 Minuten

Originalsprache: Englisch, Deutsch

Altersfreigabe: FSK 16

Produktion:

Produktionsfirma: Paramount Pictures, Phoenix Pictures, Sikelia Productions, Appian Way

Regisseur: Martin Scorsese

Drehbuchautorin: Laeta Kalogridis

Buchautor: Dennis Lehane

Produzenten: Brad Fischer, Mike Medavoy, Arnold Messer, Martin Scorsese

Musik: Robbie Robertson

Kamera: Robert Richardson

Schnitt: Thelma Schoonmaker

Schauspieler:

Edward Daniels: Leonardo DiCaprio

Chuck Aule: Mark Ruffalo

Dr. Cawley: Ben Kingsley

Dr. Naehring: Max von Sydow

Dolores: Michelle Williams

Rachel I: Emily Mortimer (Vgl. Sequenz 25)

Rachel II: Patricia Clarkson (Vgl. Sequenz 34a)

George Noyce: Jackie Earle Haley

Laeddis (im Traum): Elias Koteas

Tochter: Ruby Jerins

Auszeichnungen:

NBR Award Best Production Design

SDFCS Award Best Production Design

Teen Choice Award Movie Actor (DiCaprio)

9. Sequenzprotokoll

Sequenz-nummer	Timecode Std:Min:Sek	Auftretende Personen/ Ort	Inhalt
1	00:00:00		Produktionsfirma/ Schauspieler/ Filmtitel
2	00:00:56		Zwischentitel „Boston Harbor Island" 1954
3	00:01:01	Auf See	Ein Schiff/ eine Fähre fährt auf See. Es ist sehr neblig.
4	00:01:19	Auf der Fähre	Der US-Marshall Edward Daniels befindet sich auf dem Schiff. Er ist seekrank und muss sich die ganze Zeit übergeben.
5	00:02:03	Auf der Fähre	Edward Daniels lernt seinen neuen Kollegen Chuck kennen, der auf dem Deck steht. Daniels erzählt, dass er mal verheiratet war. Es folgt eine Rückblende (00:02:55), in der er glücklich mit seiner Frau gezeigt wird. Dann erfolgt wieder ein Zeitsprung in die Gegenwart (00:03:03). Es erfolgt wieder eine ganz kurze Flashback-Einstellung (00:03:05-00:03:06). Daniels erzählt, dass seine Frau bei einem Brand in ihrem Appartment gestorben ist. Dann sucht Daniels nach einer Zigarette, findet seine nicht und nimmt eine Zigarette von seinem neuen Kollegen an. Daniels ist sich eigentlich sicher, dass er noch Zigaretten in der Tasche hatte, als er an Bord dieses Schiffes ging. Chuck vermutet, dass diese geklaut wurden. Auf der Inselbefindet sich eine Nervenheilanstalt, in der kriminelle Geisteskranke behandelt werden. Der Kapitän kommt vorbei und erklärt, dass der Anleger den einzigen Zugang zur Insel darstellt. Der Kapitän betont dabei, dass ein Sturm aufzieht und die beiden Marshalls sich beeilen sollen, von Schiff zu kommen.
6	00:04:24	Anstaltsgelände	Auf dem Steg warten bereits Sicherheitsbeamte der Anstalt, die die beiden Marshalls empfangen. Der Sicherheitsbeamte I sagt zu Daniels: „Hab noch nie so eine Marshall-Marke gesehen". Darauf entgegnet Daniels nichts. Die Beamten sehen schussbereits aus und beobachten jeden Schritt des Marshalls. Daniels erwähnt, dass die Sicherheitsbeamten einen nervösen Eindruck machen. Der Beamte entgegnet: „Zur Zeit sind wird das alle, Marshall." Die Marshalls und die Sicherheitsbeamten fahren zum Anstaltsgebäude, welches durch einen Starstromzaun gesichert ist. Daniels sagt: „Das ist ein Starkstromzaun". Er gibt an, dass er so etwas früher schonmal gesehen hat und es daher kennt. Die Personen kommen am Gelände an.
7	00:06:32	Anstaltsgelände	Die Marshalls erhalten vom Sicherheitsbeamten eine Einweisung, er stellt ihnen das Gelände vor. Er betont, dass in Station C die gefährlichsten Patienten stationiert sind und diese Station nur mit entsprechender Genehmigung betreten werden darf. Die Marshalls müssen ihre Schusswaffen abgeben. Nach kurzer Diskussion folgen sie den Anweisungen, wobei das Hauptaugenmerkt auf Daniels liegt. Chuck sieht sehr unbeholfen aus, als er versucht, die Waffe aus der Verankerung zu lösen. Sie gehen über das Gelände, wobei die anderen Insassen Daniels zuwinken, er wundert sich. Eine Patientin deutet ihm mit einem Handzeichen an, dass er ruhig sein soll. Er wundert sich über diese Geste, sie lächelt.
8	00:09:03	Das Vorzimmer von Cowleys Büro	Die Marshalls betreten einen Sicherheitsraum, der sie zum Büro des Psychiaters Dr. Cole bringen soll. Daniels wird dabei von einer Krankenschwester beobachtet.
9a	00:09:31	Cowleys Büro	Daniels und Chuck werden in das Büro von Dr. Cole geführt. Der Sicherheitsbeamte geht ab und die zwei Marshalls und Dr. Cole bleiben allein im Büro. Sie reden über die Arbeit in der Anstalt. Dr. Cole redet über die Patienten und die damaligen schlimmen Methoden der Behandlung und die Verbesserung zu den heute angewendeten Therapien. Dann sprechen sie über die verschwundene Patientin Rachel Solando. Es kommt heraus, dass sie ihre Kinder im See hinter ihrem Haus ertränkt hat. Cole zeigt ihm ein Foto von Solando.
9b	00:11:44	Cowleys Büro	Es erfolgt ein Flashback, als Daniels das Foto sieht: Es ist Winter und überall liegen Leichen, auf dem Boden, die von Eis und Schnee bedeckt sind.
9c	00:11:48	Cowleys Büro	Daniels klagt im Büro über Kopfschmerzen. Er wirkt angespannt. Er schiebt das auf die Seekrankheit. Dr. Cowley gibt ihm eine Tablette und sie reden weiter über Solando. Cowley erklärt, dass sie sich ihre eigene Geschichte erdacht hat und alle Angestellten dort eine eigene Rolle spielen. Er betont, dass er sich nicht erklären kann, wie sie entkommen konnte, da alle Türen versschlossen waren.
10		Rachel Zolando's	Ein Pfleger begleitet die Marshalls und Cowley ins Patientenzimmer.

		Patientenzimmer	Daniels durchsucht das Zimmer und findet einen Zettel unter einer Bodenplatte auf dem steht: „Das Gesetz der vier. Wer ist 67?" Sie sind zunächst ratlos. Cowley betont, dass Rachel eine äußerst intelligente Patientin ist.
11	00:14:20	Der Gemeinschaftsraum	Die Marshalls und Cowley sehen sich im Gemeinschaftsraum um. Daniels möchte unbedingt das Personal verhören, womit Cole sich nicht sofort einverstanden gibt. Cowley gibt schließlich nach.
12a	00:15:09	Draußen an den Klippen	Daniels und Chuck laufen an den Klippen entlang. Dort befinden sich bereits andere Sicherheitsbeamte, die jedoch eher gelangweilt rumsitzen und nur sehr oberflächlich nach Solando suchen. Man sieht, wie steil die Klippen sind und das ein Entkommen eigentlich unmöglich ist. Daniels fragt nach den Höhlen in den Klippen. Diese sollen jedoch von giftigen Pflanzen umgeben sein.
12b	00:16:04	Am Leuchtturm	Die Marshalls und ein Sicherheitsbeamte befinden sich in der Nähe des Leuchtturms. Da es bald dunkel wird, beendet der Sicherheitsbeamte die Suche für diesen Tag. Daniels scheint jedoch neugierig zu sein, was es mit dem Leuchtturm auf sich hat.
13a	00:16:33	In der Anstalt	Alle PflegerInnen sind versammelt, Daniels befragt sie zu Zolando. Erstmals befragt auch der Kollege die Leute. Es kommt heraus, dass ein Pfleger kurzzeitig seinen Posten verlassen hat und Zolando sich so anscheinend raus schleichen konnte. Sie reden darüber, dass Zolando vorher in einer Gruppentherapie war. Eine Pflegerin entgegnet auf die Daniels Frage, ob etwas ungewöhnlich war: „Definieren Sie ungewöhnlich. Das ist eine Nervenheilanstalt für kriminelle Geisteskranke. Gewöhnliches passiert hier eher selten." (würde sie das sagen, wenn er selbst gestört wäre?" Alles wäre wohl wie immer verlaufen. Es kommt heraus, dass der zuständige Psychiater Dr. Sheer (?), der auch die Sitzung leitete, ab heute im Urlaub ist. Das wundert die Marshalls. Daniels fragt nach der Telefonnummer.
13b	00:19:07	Telefonraum der Anstalt	Im Telefonraum versucht der Funkmeister eine Verbindung zu Dr. Sheehan herzustellen. Es klappt jedoch nicht, da der Sturm die Leitungen zerstört hat. Daniels verwundert dies. Als die Marshalls und Cowley den Raum verlassen ist zu sehen, wie sich der Funkmeister nach ihnen umsieht.
14	00:19:30	In der Anstalt	Es ist bereits dunkel. Dr. Cowley lädt die Marshalls ein, nach seiner Abendvisite bei ihm Zuhause auf einen Wein und eine Zigarre vorbeizukommen. Daniels ist einverstanden.
15a	00:19:45	Cowley's Haus	Die Marshalls kommen in Cowley's prunkvollem Haus an. Daniels sieht sich um, im Hintergrund läuft klassische Musik. Daniels Kollege fragt, welcher Musiktitel das ist. Daniels weiß die Antwort, er erinnert sich an etwas.
15b	00:20:29	Flashback: Im KZ	Flashback: Man sieht frierende Menschen in einer Reihe stehen. Sie halten sich an einem Drahtzaun fest. Sie befinden sich in einem Konzentrationslager.
15c	00:20:34	Cowley's Haus	Die Marshalls treffen auf einen weiteren Arzt, der sich ebenfalls in dem Haus befindet. Da Daniels als einziger keinen Alkohol möchte, beginnen die vier Männer zu scherzen.
15d	00:21:40	Flashback: KZ/ Im Büro des Nazis	Flashback: Man sieht ein Büro. an der Wand hängt ein Bild von Adolf Hitler. Schreibblätter fallen von der Decke.
15e	00:21:46	Cowley's Haus	Daniels sieht nachdenklich aus. Der zweite Doktor meint, er kenne sich aus mit Männern der Gewalt. Er weiß, dass beide Marshalls im Krieg waren.
15f	00:22:18	Flashback: KZ/ Im Büro des Nazis	Flashback: Die weißen Schreibblätter fallen von einer Holzdecke auf den blutdurchtränkten Boden. Es läuft eine Schallplatte, die gleiche klassische Musik im Hintergrund wie in Sequenz 15a. Ein Nazi liegt blutend auf dem Boden. Es stellt sich heraus, dass Daniels zu den Alliierten gehört.
15g	00:22:35	Cowley's Haus	Der zweite Arzt stellt Vermutungen über die Charaktere der Marshalls auf. Sie scherzen kurz.
15h	00:23:04	Flashback: KZ/ Im Büro des Nazis	Flashback: Der Nazi liegt auf dem Boden, sein Gesicht ist blutüberströmt. Daniels steht vor ihm, er sieht aus dem Bürofenster die Leichen der KZ-Häftlinge. Der Nazi versucht an seine Pistole zu gelangen, die neben ihm auf dem Boden liegt. Daniels zieht sie mit dem Fuß weg und guckt den Nazi verachtend an.
15i	00:24:02	Cowley's Haus	Daniels erzählt, dass er bei der Befreiung von Dachau dabei war. Es kommt heraus, dass der zweite Doktor ein Deutscher ist. Daniels möchte die Akten vom Personal, die Ärzte verweigern dies. Daniels verliert daraufhin die Beherrschung. Der Marshall sagt: Die Untersuchung ist vorbei, wir schreiben unseren Bericht und schicken ihn dann rüber zu.." Er beendet den Satz nicht, stattdessen antwortet sein Kollege „Hoovers Jungs". Er wechselt einen kurzen Blick mit Cowley. Daniels bestätigt dies dann. Er kündigt an, mit der Fähre am Morgen wieder loszufahren.
15j	00:25:27	Cowley's Haus	Daniels verlässt mit Chuck wutentbrannt das Haus. Es regnet sehr stark. Von einem Sicherheitsbeamten werden sie zu ihrem Quartier bei den Pflegern gebracht.

16a	00:25:46	Schlafraum der Pfleger	Daniels und Chuck liegen in ihren Betten. Daniels versucht immer noch, den geheimnisvollen Zettel aus Solando's Patientenzimmer zu entschlüsseln.
16b		Traum	Traum: Man sieht einen Gang in einem Haus.
16c	00:26:44	Schlafraum der Pfleger	Daniels liegt im Bett und schläft.
16d	00:26:45	Traum	Traum: Daniels Frau steht im Gang und beschuldigt ihn des Trinkens. Seine Frau sagt: „Sie ist noch da". Es stellt sich heraus, dass sie Rachel Solando meint. Daniels' Frau geht zum Fenster und sieht denn See. Sie meint, dass er noch nicht gehen kann. Dabei zerfällt sie langsam zu Asche. Daniels bekundet seine Liebe zu ihr. Es fällt immer mehr Asche von der Decke. Sie erwähnt, dass Rachel und Laeddis noch da sind. Dann zerfällt sie zu Asche. Im Raum brennt es.
16e	00:29:20	Schlafraum der Pfleger	Daniels wacht auf. Seine Hände sind nass, er merkt, dass es durch die Decke tropft. Es stürmt und regnet ziemlich heftig und ein Pfleger macht deutlich, dass an diesem Tag wohl keine Fähre an- oder ablegen wird.
17	00:29:39	In der Anstalt	Daniels möchte mit den Patienten sprechen, die mit Rachel in der Gruppentherapie waren. Dr. Cowley erzählt ihnen von der transorbitalen Lobotomie, die damals angewendet wurde. Die neue Schule setzt nun jedoch auf medikamentenbasierte Therapien. Sie reden über Rachel. Cowley geht davon aus, dass Rachel tot ist und ihre Flucht nicht überlebt hat.
18a	00:31:19	Aufenthaltsraum in der Anstalt	Daniels und Chuck befragen die Patienten der damaligen Gruppentherapie. Diese antworten nur vage auf die Fragen. Patient I erzählt von seiner Tat. Er redet auch über Rachels Tat. Dabei wird Daniels sichtlich unwohl. Daniels beunruhigt den Patienten mit einer Kritzelei auf seinem Block und beschuldigt den Patienten seiner damaligen Tat. Der Patient verliert die Beherrschung, Daniels fragt nach Andrew Laeddis. Der Patient wird von Pflegern abgeführt. Man sieht eine Pflegerin, die eine Spritze vor sich liegen hat. Sie beobachtet den Marshall.
18b	00:33:49	Aufenthaltsraum in der Anstalt	Daniels und Chuck befragen die zweite Patientin. Sie reden über ihre Tat. Dann reden sie über Rachel. Ihre Antworten sind sehr zögerlich. Während Chuck ein Glas Wasser holt, schnappt sie sich Daniels' Notizblock und schreibt etwas hinein. Chuck kommt wieder. Sie wird nervöser. Daniels fragt erneut nach Laeddis. Sichtlich nervös wird sie wieder abgeführt.
19	00:36:38	Anstaltsgelände	Daniels und Chuck stehen draußen. Daniels vermutet, dass alle Befragten instruiert waren. Chuck fragt, wer Andrew Laeddis ist und bietet ihm eine Zigarette an. Daniels zögert, erzählt dann aber nach mehrmaligem Nachfragen, dass Laeddis der Hausmeister in dem Mietshaus war, in dem er und seine Frau gewohnt haben. Laeddis hat damals den Brand gelegt.
20a	00:38:01	Anstaltsgelände	Daniels und Chuck gehen durch den Wald. Sie reden über Laeddis. Daniels vermutet, dass die Leiche von Solando eventuell versteckt wurde. Er und Chuck gehen zum Anstaltsfriedhof um nach ihr zu suchen. Es stürmt und regnet sehr stark.. Daniels erzählt Chuck nach mehrmaligem fragen, was die zweite Patientin ihm in sein Notizbuch geschrieben hat. „Run" (Lauf weg). Es stürmt immer stärker. Chuck und Daniels suchen Unterschlupf im Wald und finden die Leichenhalle, in der sie sich verstecken.
20b	00:39:57	Leichenhalle	In der Leichenhalle reden sie weiter über Laeddis und die Befreiung von Dachau, an der Daniels beteiligt war. Während er davon berichtet, werden immer wieder Flashbacks gezeigt, in denen die Daniel's traumatische Erlebnisse im KZ dargestellt werden. Es wird gezeigt, wie sie die Nazis ebenso brutal erschießen. Daniels betont, dass er dies ebenfalls für Mord und nicht für eine Kriegshandlung hält. Er erwähnt ebenfalls, dass er aufgrund einer Erzählung eines ehemaligen Patienten vermutet, dass in Ashecliffe geheime Operationen und Experimente durchgeführt werden. Er bezweifelt sogar die Existenz von Rachel Solando und macht deutlich, dass er die Machenschaften der Anstalt aufdecken möchte.
21	00:46:17	Leichenhalle	Die Tür öffnet sich. Es ist bereits dunkel. Draußen im strömenden Regen steht ein Wagen mit einem Sicherheitsbeamten, der die Marshalls bereits sucht. Daniels versichert Chuck, dass sie von der Insel kommen werden. Sie rennen zum Wagen und steigen ein.
22	00:46:46	Auf dem Weg zur Anstalt	Der Sturm verschlimmert sich. Daniels und Chuck werden zu ihrem Quartier gefahren, damit sie sich dort umziehen können.
23	00:47:02	Anstaltsgebäude	Daniels und Chuck sind geduscht und erhalten von einem Pfleger Kleidung (Pflegekleidung). Der Pfleger meint, die Zigaretten seien in den Anzügen der Marshalls ziemlich durchgeweicht, also gibt er ihnen zwei Schachteln von seinen Packungen.
24	00:47:30	Besprechungsraum der Ärzte	Alle Ärzte sitzen beisammen und reden über die Patienten in Station C und den aufzieheden Hurrikan. Chuck und Daniels kommen herein. Die Ärzte

			reden über mögliche Überflutungen und wie sie die Patienten schützen können. Daniels unterbricht das Gespräch. Er geht auf die Zeile „Wer ist 67“ ein. Er löst das Rätsel: Es gibt 66 Patienten in der Einrichtung. Er vermutet, dass Rachel Solando andeuten wollte, dass es einen 67. Patienten gibt. Dr. Cowley erzählt ihnen, dass Rachel Solando wiedergefunden wurde.
25	00:49:31	Solando's Patiententimmer	Rachel Zolando sitzt in ihrem Zimmer. Daniels, Chuck, Cole und Pfleger sind ebenfalls dort. Daniels fällt auf, dass sie keinen einzigen Kratzer hat. Sie erzählt von den Kindern und vom See, in dem sie sehr lange geschwommen ist. Rachel sieht in Daniels ihren Ehemann. Sie verliert die Beherrschung. Daniels ist sichtlich erschüttert.
26	00:53:18	Cowley's Büro	Daniels und Chuck befinden sich in Cowley's Büro. Daniels geht es schlechter. Cowley erklärt, dass Rachel am Leuchtturm gefunden worden. Daniels bricht währenddessen fast zusammen. Cowley gibt ihm Tabletten. Daniels verweigert diese zunächst, nimmt die Tabletten dann aber doch noch. Draußen wütet ein Hurrikan, sodass alle in den Keller müssen.
27	00:54:33	Keller	Im Keller befindem sich schon das Personal. Daniels sieht den Anstaltsdirektor, den er irgendwo her zu kennen scheint. Er verbindet ihn sofort mit dem Militär. Daniels wird ins Bett gelegt und schläft ein.
28	00:55:29	Traum	Traum: Daniels läuft im KZ lang und sieht die Leichenberge. Eine Frauenleiche sieht aus wie Rachel Solando. Die Frau und die darauf liegende Kinderleiche öffnen die Augen und stehen auf. Das Kind meint, er hätte sie alle retten müssen. Daniels ist wieder in einem Büro. In einem Sessel vor dem Kamin sitzt ein Mann mit einer riesigen Narbe im Gesicht – Andrew Laeddis. Er spielt mit einem Streichholz. In der nächsten Einstellung steht nicht mehr Laeddis, sondern Chuck da. Er sagt, dass sie kaum noch Zeit hätten. Eine Frau schreit laut im Hintergrund, Chuck ist verschwunden. Daniels sieht sich um und es steht Rachel Solando blutüberströmt vor ihm. Auf dem Boden vor ihr liegen drei Kinderleichen. Daniels ist sichtlich entsetzt. Er nimmt das Mädchen hoch, dieses sagt ihm, dass es tot ist und fragt ihn, wieso er sie nicht gerettet hat. In der nächsten Einstellung läuft Daniels nicht mehr im Büro, sondern mit dem Mädchen auf dem Arm am See entlang. Rachel kommt hinter ihm ins Wasser, er legt das Mädchen ab. Die anderen beiden Kinder sind bereits im Wasser. Während das Mädchen hinab sinkt, schaut sie Daniels mit großen Augen an und versucht, ihm etwas durch das Wasser hindurch zu sagenS.
29	01:00:11	Traum: Keller	Daniels schreckt hoch, alle anderen Pfleger und Angestellten schlafen. Dann kommt jemand in den Keller. Es ist seine Frau. Sie sagt: „Laeddis ist nicht tot, er ist nicht weg. Er ist noch hier.“ Sie sagt ihm, dass er ihn finden und umbringen muss. Er und seine Frau umarmen sich langsam.
30	01:01:42	Keller	Daniels wacht auf. Es herrscht ein wildes Getummel, die Pfleger sind aufgeregt. Chuck sagt ihm, ein Hilfsgenerator sei ausgefallen. Als sie draußen ankommen, laufen die Patienten durch den vom Sturm verwüsteten Garten, die Pfleger versuchen sie wieder einzufangen. Daniels fragt sich, ob das ganze elektrische Sicherheitssystem ausgefallen ist. Chuck schlägt ihm vor, zu Station C zu gehen, um dort eventuell Laeddis zu treffen.
31a	01:03:15	Station C	In Station C lösen die beiden sich heimlich von den anderen Pflegern ab.. Langsam gehen sie durch die Gewölbe. Daniels spürt, dass Laeddis dort ist. Plötzlich kommt ein Patient auf sie zugerannt. Er will „Fangen“ spielen. Daniels rennt hinter ihm her durch die dunklen Gewölbe, sodass Chuck ihn verliert. Daniels läuft weiter durch die Gemäuer, als der Patient ihn an den Treppen von hinten packt und ihn wegzerrt. Als sie anfangen, sich zu prügeln, würgt Daniels ihn. Chuck taucht auf und löst Daniels vom Patient. Der Sicherheitsbeamte kommt an. Alle beschuldigen Daniels, er solle nun eine Runde gehen und sich abreagieren. Chuck, der Beamte und der Patient gehen. Daniels erkundet die Gemäuer weiter. Mit Streichhölzern macht er sich ein wenig Licht. Er sieht viele Patienten in den dunklen Gefängnissen. Eine Stimme ruft immer den Namen Laeddis. Dann entdeckt Daniels den vermeintlichen Laeddis in einer Zelle.
31b	01:09:00	Station C	Der vermeintliche Laedis sitzt in der Ecke. Es stellt sich heraus, dass es sich bei dem Patienten nicht um Laeddis, sondern um George Noyce handelt.Noyce antowrtet auf die Aussage Daniels, dass es ihm darum geht, Dinge aufzuklären: Es geht um dich, um Laeddis. Es ist immer nur darum gegangen“. Noyce zeigt ihm seine Narben im Gesicht. Daniels möchte wissen, wer dies getan hat. Dieser entgegnet, dass Daniels Schuld ist, auch dass er in der Anstalt ist. Noiyce entgegnet, dass all das ein Spiel für Daniels ist. Dass dieser eigentlich gar nichts untersucht, sondern nur herumirrt. Daniels geht davon aus, dass George sich irrt. Doch Noyce macht ihn darauf aufmerksam, dass Daniels noch nie allein war, er seinen Partner doch eigentlich gar nicht kennt. Daniels meint, er vertraut ihm,

			Noyce antwortet: „Dann haben die schon gewonnen". Noyce befürchtet, zum Leuchtturm zu kommen und dort Opfer der Gehirnoperationen zu werden. reden über Laeddis. Im Hintergrund der Zelle steht plötzlich Daniels' Frau. Noyce erklärt ihm, sie mache seinen Verstand kaputt und wenn er die Wahrheit aufdecken will, muss er sie gehen lassen. Daniels meint, er kann nicht. Noyce antwortet: „Dann wirst du diese Insel nie verlassen". Er erwähnt, dass Laeddis nicht auf Station C ist, auch nicht auf Station A. Daniels geht davon aus, dass Laeddis sich also im Leuchtturm befindet. Er geht zum Anstaltsgelände.
31c	01:13:43	Anstaltsgelände	Unterwegs trifft er Chuck. Dieser sagt ihm, dass die Leute bereits nach dem Pfleger suchen, der den Patienten angegriffen hat. Die beiden rennen raus und gehen unauffällig durch die Menge der Menschen.
32a	01:14:02	Inselgelände	Daniels und Chuck befinden sich außerhalb des Geländes. Sie gehen durch den Wald. Chuck erklärt ihm, dass er die Patientenakten durchgesucht, aber nur wenig zu Laeddis gefunden hat. Daniels ist nach dem Gespräch mit Noyce etwas misstrauisch. Er möchte unbedingt zum Leuchtturm.
32b	01:14:52	Inselgelände	An den Klippen merken die Marshalls, dass sie zu weit südlich gelaufen sind. Daniels beharrt darauf, sich den Leuchtturm anzusehen. Chuck möchte dies verhindern. Daniels besteht darauf, alleine weiterzugehen.
33	01:16:37	Inselgelände	Daniels möchte unbedingt zum Leuchtturm, weiß aber nicht, wie er die Klippen runterkommen soll. Er geht zurück zum Startpunkt, an dem er sich von Chuck getrennt hat. Chuck ist aber nicht mehr da. Daniels schaut runter und sieht den leblosen Chuck am Klippenende liegen. Daniels klettert runter. Die Patentieninformation zu Laedis flattert an ihm vorbei, er stürzt fast, bekommt sie aber doch noch zu greifen. Unten angekommen, findet er Chuck nicht mehr. Etwas weiter oben sieht er, dass in einer Felsenhöhle ein Feuer zu brennen scheint. Er klettert zur Höhle.
34a	01:19:57	Höhle in den Klippen	An der Höhle angekommen sieht er, dass eine Frau an einem Lagerfeuer steht. Sie fragt ihn, wer er sei. Er sagt er sei Teddy Daniels. Sie weiß sofort, dass er ider Marshall ist. Es kommt heraus, dass sie die wahre Rachel Solando ist. Sie erklärt, dass sie nie Kinder hatte, nie verheiratet war und vor ihrer Flucht selbst Ärztin in Ashecliffe war. Sie erklärt, dass sie damals viele Fragen gestellt hat zu großen Lieferungen von Halluzinogenen und Medikamenten und sie auch wegen der OP's gefragt hat. Diese sollen die Patienten fügsamer und lenkbarer machen. Ziel sei es, die Kontrolle des Gehirns und der Empfindungen, Erinnerungen zu erlangen. Solando sagt, dass die OP's der Anstalt durchgeführt würden. Solando meint, dass sie Daniels wohl nicht mehr gehen lassen. Sie fragt, ob er in seinem Leben traumatische Erlebnisse hatte. Er bejaht. Sie meint, dadurch können sie ihn verrückt machen. Sie fragt, ob er häufig komische Sachen träumt, Schlafstörungen hat oder Kopfschmerzen hat. Sie weist ihn darauf hin, dass er deren Zigaretten geraucht, Kaffee getrunken und Tabletten genommen hätte. Es wären wohl Neuroleptika, die Lähmungen verursachen. Er möchte wissen, was in dem Leuchtturm vorgeht. Sie meint, es würden dort Gehirn-OP's veranstaltet werden. Es kommt heraus, dass alle Angestellten davon wissen.
34b	01:27:01	Höhle in den Klippen	Daniels hat ihn der Höhle übernachtet. Solando erklärt, dass sie das Versteck wechseln und er nun wieder zur Anstalt gehen muss. Sie meint, er kommt hier nicht mehr weg, da auch die Fähre von denen kontrolliert wird. Er fragt nach Chuck, seinem Freund. Solando erklärt ihm nur, dass er keine Freunde hätte.
35	01:28:08	Inselgelände	Daniels läuft im Wald entlang, als ein Sicherheitsbeamte mit Auto ihn aufsammelt. Daniels steigt ein. Der Beamte fragt, wo er war. Sie reden über Gott, Gewalt, Moral und Gewaltbereitschaft. Daniels meint, der Beamte kenne ihn nicht. Dieser entgegnet, dass er ihn schon lange, schon eine Ewigkeit kennt.
36	01:30:50	Anstaltsgebäude	Sie kommen am Anstaltsgebäude an. Daniels geht hinein und sieht Dr. Cowley. Dieser meint, dass Daniels die Anstalt wohl nun verlassen kann, nachdem Solando gefunden wurde. Sie kommen auf den Pfleger zu sprechen, der den Patienten in Station C geprügelt hat. Cowley bietet ihm Zigaretten an, doch Daniels lehnt ab. Er fragt nach Chuck und Dr. Cowley entgegnet, dass Daniels ohne Partner gekommen ist, es also gar keinen Chuck gibt.
37	01:33:46	Anstaltsgebäude	Daniel stiehlt die Kleidung eines Pflegers. Als er anschließend durch die Gänge geht, trifft er auf den zweiten Psychiater. Dieser wollte ihn heimlich spritzen. Daniels entdeckt dies frühzeitig und bedroht den Psychiater. Dieser entgegnet, dass man Monster aufhalten müsse. Daniels spritzt dem Psychiater das Mittel und verschwindet.
38	01:36:14	Anstaltsgelände	Daniels rennt auf dem Anstaltsgelände umher, versucht unentdeckt zu bleiben. Er verschafft sich Zugang zum Cowley's Auto, welches er heimlich anzündet. Er rennt weg um die Explosion abzuwarten. Dann sieht er, wie

			seine Frau und das Mädchen aus dem Traum am Auto stehen und sich an den Händen festhalten. Das Auto explodiert. Die Beamten und Pfleger werden aufmerksam, Daniels rennt weg. Er möchte zum Leuchtturm.
39	01:39:01	Inselgelände/ am Leuchtturm	Am Ufer angekommen, schwimmt Daniels den Rest des Weges. Um unentdeckt zu bleiben, schleicht er sich an den Sicherheitsbeamten heran, überwältigt ihn und nimmt seine Waffe. Er rennt zum Eingang des Leuchtturms.
40a	01:40:25	Im Leuchtturm	Daniels trifft im obersten Stockwerk des Leuchtturms auf Dr. Cowley, der an einem Schreibtisch sitzt. Er begrüßt ihn mit den Worten: „Du bist ja ganz nass, Baby". Cowley fragt nach den Halluzinationen und Zuckungen. Daniels erzählt, dass Dr. Solando ihm von den Neuroleptika erzählt hat. Er meint, er hätte sie gefunden. Cole sagt, dass Solando nicht existiert und Daniels halluziniert. Daniels fragt, woher die Zuckungen kommen. Es kommt heraus, dass er bereits seit 24 Monaten mit einem Medikament behandelt wird. Cowley erklärt ihm, dass Daniels bereits seit zwei Jahren Patient in der Einrichtung sei. Daniels glaubt dies nicht. Es kommt heraus, dass er früher mal US-Marshall war und dass Daniels eigentlich Patient 67 ist. Daniels fragt nach Chuck. Es stellt sich heraus, dass Daniels eigentlich Andrew Laeddis ist und er ein anderes Selbst erschaffen hat, weil er mit dem Mord an seiner Frau nicht klarkommt. Cowley betont, dass Daniels der gefährlichste Patient ist und alle angreift – unter anderem auch George Noyce. Dr. Cowley meint, er müsse nun zur Vernunft kommen, ansonsten müssten andere Maßnahmen eingeleitet werden: Lobotomie. Daniels fragt nach seinem Partner Chuck.
40b	01:48:16	Im Leuchtturm	Chuck kommt herein, es stellt sich heraus, dass er eigentlich Dr. Sheehan und Daniels behandelnder Psychiater ist. Dr. Cowley erklärt, dass alles ein Rollenspiel wäre, damit Daniels merkt, wie unrealistisch seine Geschichte ist. Daniels verliert die Beherrschung und droht den beiden mit einer Waffe – seiner Waffe des Marshalls. Er schießt, doch die Schusswunden Coles sind nur eine Halluzination. Die Waffe ist nur ein Plastikrevolver. Es kommt auch heraus, dass Dolores – Daniels damalige Frau – das Haus in der Stadt angezündet hat und sie dann in das Haus am See gezogen sind. Dr. Cowley zeigt Daniels Bilder von seinen drei Kindern. Er erzählt, dass Dolores die Kinder ertränkt hat. Das Mädchen – seine Tochter Rachel - auf dem Bild ist das Mädchen aus seinen Träumen. Dolores erscheint ihm, ihr tut es leid. Seine Tochter ist ebenfalls dort.
40c	01:53:07	Flashback: Daniels' Haus am See	Flashback: Daniels kommt von der Arbeit nach Hause in das Haus am See. Er geht in den Garten und sieht Dolores in der Hollywoodschaukel am See sitzen. Sie kommt auf ihn zu, ist ganz nass. Daniels sagt: „Baby, du bist ja ganz nass". Sie meint, sie möchte nach Hause, dabei ist sie daheim. Er schaut zum See und entdeckt dort drei Kinderleichen. Er rennt ins Wasser, versucht die Kinder zu retten, doch sie sind bereits tot. Dolores steht am Ufer. Er bringt die Kinder zum Ufer, reiht sie dort auf, setzt sich daneben. Dolores kommt an, umarmt ihn und schlägt ihm vor, sie alle an den Tisch zu setzen. Sie möchte, dass die Kinder ihre Puppen sind. Er möchte, dass sie schweigt und erschießt sie.
40d	01:59:02	Im Leuchtturm	Daniels klappt zusammen. Im nächsten Moment wacht er auf, an seinem Bett stehen die beiden Ärzte, der Leiter und eine Pflegerin – die damals Solando gespielt hat. Sie fragen Daniels nach seiner Geschichte. Er gibt zu, Solando erfunden zu haben und eigentlich Andrew Laeddis zu sein. Das Rollenspiel scheint geholfen zu haben. Es kommt heraus, dass sie Laeddis bereits schonmal so weit hatten, doch auf einmal alles wieder begonnen hat. Cowley hofft auf einen endgültigen Erfolg der Therapie-Rollenspiels. Daniels gibt zu, Laeddis zu sein, seine Frau umgebracht zu haben.
41	02:02:29	Anstaltsgelände	Daniels/ Laeddis sitzt auf der Treppe vor dem Eingang, als Dr. Sheehan kommt und ihm eine Zigarette anbietet. Daniels/ Laeddis fragt, wie es weitergeht. Daniels nennt Sheen wieder Chuck und meint, sie müssen wieder aufs Festland. Sheehan deutet den anderen Ärzten mit einem Kopfschütteln, dass das Rollenspiel nicht funktioniert hat. Daniels sagt: Kein Sorge Partner, die kriegen uns nicht." Es kommen Pfleger mit einem spitzen Instrument (verdeckt) an, sie wollen Daniels/Laeddis abholen. Er sieht dies und sagt zu Chuck/ Sheen: An diesem Ort frag ich mich, (Was denn Boss)was wäre schlimmer: zu leben wie ein Monster oder als guter Mann zu sterben? Sheen schaut ihn an. Er ruft: Teddy? Doch Daniels reagiert nicht, sondern geht zu den Pflegern, die mit ihm weggehen. In der letzten Einstellung wird der Leuchtturm gezeigt.
			Abspann

Vanessa Brandt

Incoterms. Begriff, Bedeutung, Beispiele

International Commercial Terms, Handelsklauseln

GRIN Verlag

Bibliografische Information der Deutschen Nationalbibliothek:

Die Deutsche Bibliothek verzeichnet diese Publikation in der Deutschen Nationalbibliografie; detaillierte bibliografische Daten sind im Internet über http://dnb.d-nb.de/ abrufbar.

Impressum:

Copyright © 2014 GRIN Verlag, Open Publishing GmbH
Druck und Bindung: Books on Demand GmbH, Norderstedt Germany
ISBN: 978-3-656-59992-0

Dieses Buch bei GRIN:

http://www.grin.com/de/e-book/268970/incoterms-begriff-bedeutung-beispiele

FOM Hochschule
für Oekonomie & Management
University of Applied Sciences

Berufsbegleitender Studiengang Wirtschaftsrecht

Incoterms:

Begriff, Bedeutung, Beispiele

Prüfungsfach: Handels- und Unternehmensrecht

Abgabetermin: 17.01.2014

Vorgelegt von:

Vanessa Brandt

INHALTSVERZEICHNIS

Abkürzungsverzeichnis

ASEAN	Association of Southeast Asian Nations
Aufl.	Auflage
BGB	Bürgerliches Gesetzbuch
CFR	Cost and Freight
CIF	Cots, Insurance, Freight
CIP	Carriage and Incurance Paid To
CISG	United Nations Convention on Contracts for the International Sale of Goods
CPT	Carriage Paid To
DAP	Delivered AT Place
DAT	Delivered At Terminal
DDP	Delivered Duty Paid
EG/EGV	Vertrag zur Gründung der Europäischen Gemeinschaft, EG-Vertrag
EGBGB	Einführungsgesetz zum Bürgerlichen Gesetzbuch
engl.	englisch
EU	Europäische Union
EXW	Ex Works
FAS	Free Alongside Ship
FCA	Free Carrier
ff.	fortfolgende
FOB	Free On Board
gem.	Gemäß
HGB	Handelsgesetzbuch

Hrsg.	Herausgeber
ICC	International Chamber of Commerce
Incoterms	International Commercial Terms
IPR	Internationales Privatrecht
NAFTA	North America Free Trade Agreement
Rdn.	Randnummer
ROM I-VO	Verordnung (EG) Nr. 593/2008 des Europäischen Parlaments und des Rates vom 17. Juni 2008 über das auf vertragliche Schuldverhältnisse anzuwendende Recht (Rom I)
S.	Seite
sog.	sogenannte
UNK	Übereinkommen der Vereinten Nationen über Verträge über den internationalen Warenkauf (UN-Kaufrecht)
usw.	und so weiter
VO	Verordnung

ABBILDUNGSVERZEICHNIS

A. EINLEITUNG

Unsere Welt unterliegt der ständigen Veränderung. Während sich moderne Industrienationen im Spannungsfeld zwischen Globalisierung und Liberalisierung des Welthandels bewegen, kämpfen schwächere Nationen mit politischen Konflikten und öffnen sich nur langsam dem internationalen Warenverkehr. Kurze Produktlebenszyklen und intensiver Preiswettbewerb sorgen für immer rasantere wirtschaftliche Prozesse, die nur durch technische Fortschritte wie dem vermehrten Einsatz elektronischer Kommunikation sowie optimierter Logistikprozesse umgesetzt werden können. Doch nicht nur die Produktion und der Handel sind von dieser Geschwindigkeit betroffen – auch Kunden möchten durch schnelle Lieferzeiten an den weltumspannenden Transportnetzen partizipieren, ohne Einbußen in Sicherheit und Verlässlichkeit zu erleiden. Um diesem Anspruch gerecht zu werden bedarf es einer klaren Absprache zwischen Käufer und Verkäufer, in der Rechte und Pflichten eindeutig manifestiert sind. Dies kann ausdrücklich oder stillschweigend geschehen – und es kann sich an gesetzliche Bestimmungen knüpfen, oder aber landesübliche Handelsbräuche umfassen. Neben der Festlegung der Vertragsparteien, dem Vertragsgegenstand, dem Preis, Gewährleistungsbestimmungen und weiteren Punkten bilden besonders die Lieferbedingungen einen wesentlichen Schwerpunkt: Wer hat die Kosten für Transport, Versicherung und Zoll zu tragen? Wer trägt das Risiko der zufälligen Beschädigung oder des zufälligen Verlusts? Werden solche Fragen der Gefahrtragung nur unzureichend geklärt, kann es ex post zu Missverständnissen kommen, die zeit- und kostspielige Konflikte, im schlimmsten Fall auch Gerichtsprozesse zur Folge haben. Genau hier setzten die Incoterms an: Dabei handelt es sich um standardisierte Lieferbedingungen, die von dem ICC herausgegeben werden – einer renommierten nichtstaatlichen Organisation mit Sitz in Paris, deren Mitglieder eine umfassende Sachkenntnis in der internationalen Handelspraxis aufweisen. Die Incoterms ersetzen nicht den ganzen Kaufvertrag, sondern widmen sich dem Gefahrübergang und der Verantwortlichkeit für Risiko und Kosten.[1] Die vorliegende Arbeit setzt sich zum Ziel, die Incoterms 2010, also die aktuellen Regeln der ICC zur Auslegung nationaler und internationaler Handelsklauseln, vorzustellen und mit anschaulichen Beispielen zu untermauern. Sie gliedert sich wie folgt: Kapitel B klärt über Begriffe und Grundlagen auf und schafft eine notwendige Basis für das weitere Verständnis. In Kapitel C werden alle elf Klauseln erklärt und passende Beispiele angehängt. Das letzte Kapitel gibt einen Überblick über die gewonnenen Erkenntnisse, fasst diese eingängig zusammen und erlaubt einen Einblick in zukünftige Entwicklungen.

---

[1] *Grüske*, Incoterms, S. 8-11; *Koether*, Distributionslogistik, S. 93.

B. Begriffe und Grundlagen

I. Die Internationale Handelskammer

Auf privatrechtlicher Basis wurde die International Chamber of Commerce (ICC) im Jahre 1919 gegründet. Der Hauptsitz der weltweiten Organisation ist in Paris. Die für die Mitglieder zur Verfügung gestellten Dienstleistungsangebote nutzen mittlerweile mehr als 1500 Wirtschaftsorganisationen und über 5000 Unternehmen aus mehr als 130 Ländern. Durch neu geschaffene Handelsräume, wie etwa ASEAN, NAFTA, EU usw, übernimmt die ICC auch die Vertretung der internationalen Wirtschaft an unterschiedlichen Schaltstellen der Politik.[2] Die Erleichterung und Förderung des internationalen Handels ist eine der wichtigsten Aufgaben der ICC.[3]

II. Incoterms

International Commercial Terms (Incoterms) wurden erstmals 1936 aufgestellt.[4] Sie haben sich seit Ihrer Veröffentlichung zum wichtigsten Klauselwerk im internationalen Handel entwickelt.[5] Neuauflagen der Handelsklauseln folgten unregelmäßig in den Jahren 1953, 1967, 1980, 1990 und 2000. Die 7. Revision wurde am 01.01.2011 von der ICC publiziert. Der jeweilige Stand der Incoterms wird mit Angabe der Jahreszahl gekennzeichnet, jetzt die aktuelle Jahreszahl 2010, also „Incoterms 2010“.[6] Die allgemeine Struktur der Incoterms hat sich jedoch nicht verändert. Die Einteilung, Bezeichnungen und Abkürzungen der neu geschaffenen Incoterms 2010 bleiben bestehen.[7] Es wurden vier alte Klauseln durch die beiden neuen Klauseln „DAT“ und „DAP“ ersetzt. 2010 wurde also die Anzahl der Incoterms von 13 auf 11 Klauseln verringert. Diese 11 Klauseln teilen sich in sieben Klauseln für alle Transportarten und vier Klauseln für den See- und Binnenschifffahrtstransport auf. Durch Vereinbarung der Incoterms in Kaufverträgen wird die unterschiedliche Auslegung von Handelsklauseln in den verschiedenen Ländern vermieden oder zumindest erheblich eingeschränkt. In den meisten Ländern liegen die Klauseltexte jeweils in der dortigen Landessprache vor, was die Verständigung und Abstimmung zwischen Käufer und Verkäufer erleichtert. Bei Streitfällen z. B. vor Gericht ist aber immer der englische Originaltext verbindlich. Die Incoterms können nicht nur im internationalen Handel, sondern auch bei Inlandsgeschäften in Deutschland und im

---

[2] *Bernstorff*, Incoterms Kommentar, S. 20 Rdn. 65ff.
[3] *Bredow/Seiffert*, Incoterms Kommentar, S. 1.
[4] *Baumbach/Hopt* Anhang 6 Rdn. 3.
[5] *Lehr*, Versicherungsrecht, S. 548-549.
[6] *Bernstorff*, Incoterms Kommentar, S. 13 Rdn. 36.
[7] *Lenz*, Die Rechtsabteilung, S. 269 Rdn. 16.

Binnenhandel der EU eingesetzt werden, wobei einzelne Verpflichtungen von Verkäufer und Käufer entfallen bzw. zu modifizieren sind (z. B. bezüglich der Zollabfertigung). Die Entwicklung der internationalen Handelspraxis erfordert in Intervallen Anpassungen der Incoterms, deren jüngste mit Wirkung zum 01.01.2011 unter der Bezeichnung „Incoterms 2010" vollzogen wurde. DAF, DES, DEQ und DDU wurden gestrichen und zwei neue Klauseln hinzugefügt: DAT, DAP.[8] Bei internationalen Kaufverträgen spielen sie eine wichtige Rolle, da sie Schwierigkeiten beseitigen können, die sich ergeben, weil vertragliche Bestimmungen nicht einheitlich verstanden werden. Es handelt sich bei den Incoterms nicht um staatliches Recht, sondern lediglich um rein privatrechtliche Regelungen da die ICC keine Rechtsetzungsbefugnis hat.[9] Die Einbeziehung der Incoterms erfolgt in der Regel durch ausdrückliche Vereinbarung. Eine stillschweigende (konkludente) Vereinbarung ist in Ausnahmen durch Handelsbrauch jedoch auch möglich.[10]

III. Privatrecht

Die Bezeichnung Internationales Privatrecht (IPR) taucht in Deutschland erstmals 1841 auf.[11] Die primäre Norm der allgemeinen Vorschriften befindet sich in Art. 3 EGBGB. Die Legaldefinition wurde neu gefasst durch das Gesetz zur Anpassung der Vorschriften des Internationalen Privatrechts an die VO (EG) Nr. 864/2007 vom 10.12.2008 (BGBl. I S. 2401). Demzufolge ist das IPR derjenige Teil, der bestimmt, welches nationale Recht auf den Sachverhalt angewendet wird. Somit gelten aus deutscher Sicht im internationalen Warenaustausch nicht die Vorschriften des HGB/BGB, sondern die des IPR. Die Unanwendbarkeit eines neutralen Rechts ist angesichts des internationalen Warenverkehrs berechtigt.[12] Wichtigste Norm des IPR im Bereich internationaler Verträge ist die Verordnung (EG) Nr. 593/2008 über das auf vertragliche Schuldverhältnisse anzuwendende Recht[13] (Rom I-VO), die mit ihrem Inkrafttreten am 17.12.2009 die Regeln des EGBGB hinsichtlich internationaler Schuldverträge ersetzt. Diese Vorschriften finden als Verordnung unmittelbare Anwendung (Art. 249 EGV) innerhalb der EU Mitgliedsstaaten, mit Ausnahme von Dänemark. Sie haben Vorrang gegenüber kollidierenden nationalen Regeln.[14] Die Rom I-VO ist somit anwendbar auf alle Verträge, die nach dem 17.12.2009 geschlossen wurden und werden. Für alle anderen Verträge sind weiterhin die früheren Vorschriften des EGBGB (Art. 11, 12, 27-38 EGBGB) anwendbar.

---

[8] *ICC*, Incoterms, S. 132ff.
[9] *Schackmar*, Die Lieferpflicht des Verkäufers, S. 71.
[10] *Baumbach/Hopt* Anhang 6 Rdn. 7.
[11] *Kropholler*, Internationales Privatrecht, § 1.
[12] *Piltz*, UN-Kaufrecht, S. 2ff.
[13] ABl, L 177/6.
[14] *Pfeiffer*, EuZW (20), S. 622.

IV. Das UN-Kaufrecht

Maßgeblich für den internationalen Warenverkauf ist das UN-Kaufrecht (UNK oder United Nations Convention on Contracts for the International Sale of Goods – CISG) vom 11.04.1980. Bisher sind 74 Staaten diesem Übereinkommen beigetreten.[15] Bei Kaufverträgen zwischen Angehörigen dieser Staaten gilt grundsätzlich das UN-Kaufrecht. Die Übereinkunft lässt den beigetretenen Staaten die Möglichkeit, einzelne Vorschriften zu modifizieren. Auch ist es den Vertragsparteien gestattet die Anwendung des UN-Kaufrechts auszuschließen. Es deckt nicht alle relevanten Gebiete des internationalen Kaufs ab. Nicht geregelt sind z. B. die wichtigen Rechtsfragen der Gültigkeit des Vertrages und einzelner Vertragsklauseln, des Eigentumsübergangs und Eigentumsvorbehalts sowie der Produkthaftung des Verkäufers. Normalfall der Nutzung des UN-Kaufrechts ist der Warenkauf zwischen gewerblichen Verkäufern aus verschiedenen Vertragsstaaten des UN-Kaufrechts. Es regelt die Kaufverträge über die Lieferung von beweglichen Sachen, einige Sachen wie z. B. Schiffe sind jedoch ausgenommen. Die Rechtswahl für die Verträge zwischen zwei Mitgliedsstaaten muss, gem. Art. 1 CISG, nicht ausdrücklich vereinbart werden. Kaufverträge bei nur einem oder keinem Mitgliedsstaat müssen im Kaufvertrag das UN-Kaufrecht festlegen, damit das CISG zur Geltung kommt.[16] Das IPR wird als Kollisionsrecht bezeichnet, da es zur Anwendung kommt wenn das UN-Kaufrecht nicht genutzt werden kann.[17]

[15] *Piltz*, UN-Kaufrecht, S. 1ff.
[16] *Piltz*, UN-Kaufrecht, S. 2ff.; *Schackmar*, Die Lieferpflicht des Verkäufers, S. 52.
[17] *Schackmar*, Die Lieferpflicht des Verkäufers, S. 36.

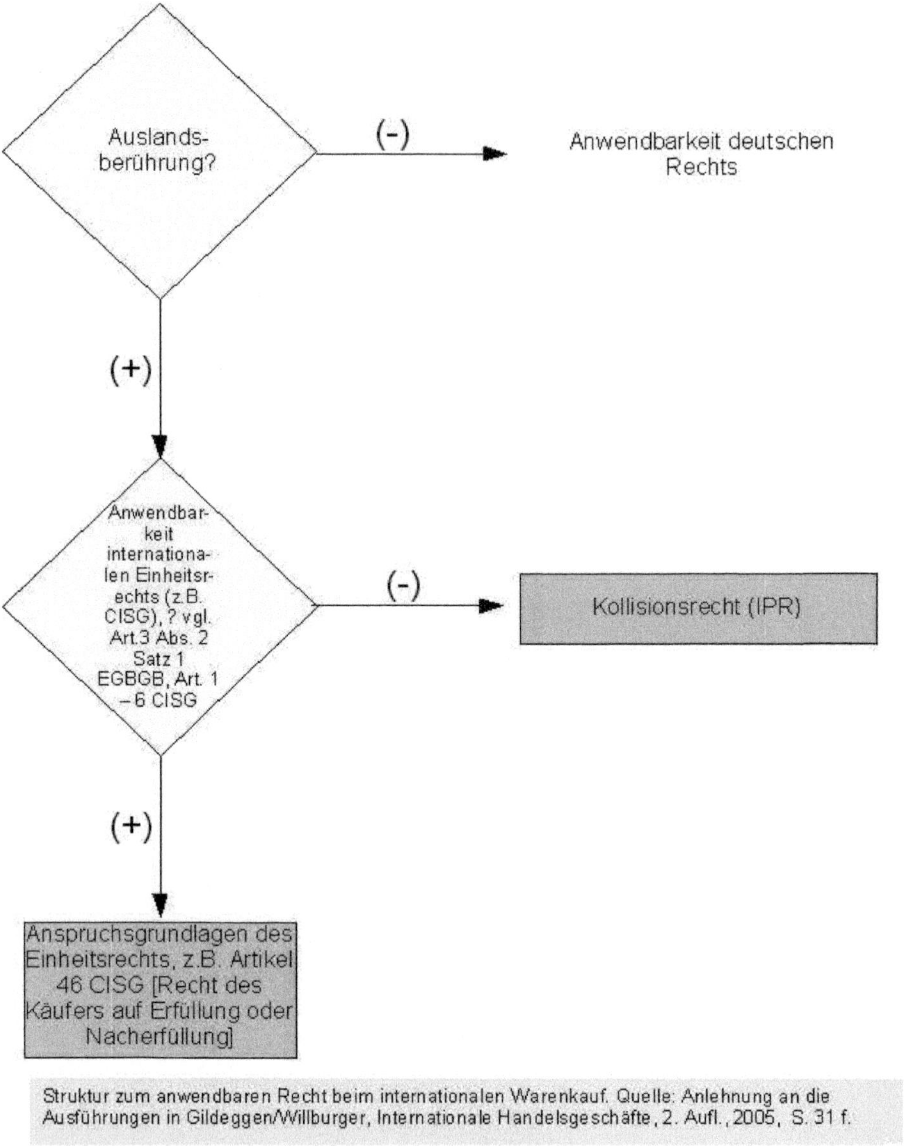

Abbildung 1: Struktur zum anwendbaren Recht beim internationalen Warenkauf[18]

---

[18] *Gildeggen/Willburger*, Handelsgeschäfte, S. 31ff.

V. Einbeziehung in Verträge

Aus dem (Kauf-)Vertrag zeichnet sich ab, wer Vertragspartner im Transportrecht ist. Vielfach ergibt es sich auch aus den vereinbarten Incoterms, Absender und Empfänger.[19] Incoterms beschränken sich lediglich auf die Rechte und Pflichten der Vertragspartner im Hinblick auf die Lieferung einer (beweglichen) Ware, deren Verkauf bereits abgeschlossen ist.[20] Incoterms sind nicht auf den Kaufvertrag konzentriert, sondern lediglich auf den Warentransport. Das UN-Kaufrecht hingegen ist auf den internationalen Warenverkauf ausgerichtet. Diesen deutlichen Unterschied in der Konzeption gilt es zu beachten.[21] Incoterms werden meist im Rahmen einer Lieferbedingung als Vertragsklausel miteinbezogen. Dies führt dazu, dass sie wie „Allgemeine Geschäftsbedingungen" gewertet werden. Entscheidend für die Einbeziehung der Incoterms ist immer der Vertragsschluss. Sie werden also nicht automatisch Gegenstand eines Vertrages, nur weil es sich um internationales Liefergeschäft handelt. Es sollte also ausdrücklich vermerkt werden, welche Klausel und Fassung der Incoterms eingesetzt und welcher Ort des Gefahrenübergangs gewählt wird. Werden somit bei Vertragsschluss z. B. Incoterms 2010 einbezogen, so gilt dies für den gesamten Vertrag. Ein einfacher Rechnungshinweis auf die Incoterms 2010 oder Hinweis auf den Lieferpapieren wird in der Regel erst nach Vertragsschluss gemacht, so dass er grundsätzlich unbeachtet ist. Es sei denn, die Vertragsgegenseite erkennt es nach Übersendung der Rechnung oder Erhalt der Lieferpapiere an. Neben wirtschaftlichen Gesichtspunkten müssen bei der Entscheidung, welche Transportart gewählt wird, auch rechtliche und faktische Möglichkeiten berücksichtigt werden. Die Auswahl der Klausel ist abhängig von der Transportart, da nicht alle Incoterms kontinuierlich verwendet werden können. Wird bei, nach dem Stichtag einer Neuauflage der Incoterms, z. B. 01.01.2011, abgeschlossenen Verträgen nur der Zusatz Incoterms ohne genaue Bezeichnung der Version aufgenommen, so gilt prinzipiell die aktuell gültige Version. Anders kann dies jedoch sein, wenn der Vertrag nicht selbst die Incoterms einbezieht, sondern dies über die beigefügten allgemeinen Geschäftsbedingungen geschieht und diese allgemeinen Geschäftsbedingungen noch aus der Zeit vor dem 01.01.2011 stammen und auf die damals gültige Fassung Bezug nehmen. Daher sollte in diesen Fällen entweder eine Klarstellung im Vertrag durch Einbeziehung der Incoterms 2010 erfolgen oder die allgemeinen Geschäftsbedingungen entsprechend angepasst werden.[22]

---

[19] *Wieske*, Transportrecht, S. 29.
[20] *Bernstorff*, Incoterms Kommentar, S. 19 Rdn. 62.
[21] *Bernstorff*, Incoterms Kommentar, S. 20 Rdn. 65.
[22] *Grau/Markwardt*, Internationale Verträge, S. 9; *Grüske*, Incoterms, S. 22; *Bernstorff*, Incoterms Kommentar, S. 20-21 Rdn. 70-71.

C. Die Klauseln der Incoterms 2010 mit Beispielen

I. Alle Transportarten

1. EXW

Der Begriff „EXW“ steht für „ex works (named place of delivery)“ bzw. “ab Werk (benannter Lieferort)”. Eine Lieferung findet statt, sobald der Verkäufer dem Käufer die Ware am Ort des Verkäufers oder an einem anderen benannten Ort, z. B. in einem Werk, einer Fabrik oder einem Lager zur Verfügung stellt. Dabei obliegt dem Verkäufer nicht die Pflicht, die Ware auf ein abholendes Transportmittel zu verladen oder sie zur Ausfuhr freizumachen. Falls der Verkäufer die Ware jedoch verlädt, tut er dies auf Gefahr und Kosten des Käufers. Aus diesem Grund ist diese Klausel mit Bedacht zu wählen.[23]

Beispiel: Eine Glasfabrik aus Düsseldorf verkauft 5 Paletten Glas in die Türkei. Der Verkäufer stellt die Ware vor der Fabrik bereit und eine durch den Käufer beauftragte Spedition holt die Ware ab. Der Fahrer parkt vor der Laderampe, öffnet die hintere Türe und zieht die Ladebrücke an den LKW. Da der Hubstapler des Fahrers kaputt ist, bittet er einen Mitarbeiter der Glasfabrik mit dem werkseigenen Stapler die Paletten zu verladen. Da die Ladebrücke verrutscht ist stolpert der Mitarbeiter und das Glas zerbricht. Der türkische Fahrer beteuert das Glas niemals berührt zu haben und es hat auch nicht die Ladefläche des LKWs gestreift. Bei „EXW“ ist der Verkäufer nur dazu verpflichtet die Ware bereitzustellen. Jede Bewegung ist Risiko des Käufers, auch wenn dieser sich einen Erfüllungsgehilfen zur Hilfe holt. In der Praxis wird die Klausel oftmals um die Beladung erweitert.[24]

2. FCA

Unter „FCA“ versteht man „free carrier (named place of delivery)“ bzw. “frei Frachtführer (benannter Lieferort)”. Diese Klausel wurde ursprünglich im Jahre 1980 für den Containerverkehr erfunden. Es ist eine sogenannte richtige Containerklausel, egal mit welchem Transportmittel er befördert wird. Der Käufer hat die sog. Transportdisposition, d. h. er bestimmt das Transportmittel und den Transportweg. Der Verkäufer liefert hierbei die Ware an einen Frachtführer oder eine andere Person, die vom Käufer benannt wird. Als Ort gilt der Standort des Verkäufers oder ein anderer benannter Ort. Dieser sollte möglichst konkret bezeichnet

---

[23] *Bernstorff*, Incoterms Kommentar, S. 80ff. Rdn. 281ff.
[24] *Grüske*, Incoterms, S. 45ff.

sein z. B. „FCA Flughafen Düsseldorf“, um Missverständnissen vorzubeugen, da an dieser Stelle die Gefahr auf den Käufer übergeht.[25]

Erläuterung: FCA wurde seit den Incoterms 2000 eindeutiger geregelt, eindeutiger, da früher eine Warenüberprüfung zum Zeitpunkt der Übergabe (Risikoübergang) nicht mehr möglich war. Jetzt ist der Risikoübergang auf den Zeitpunkt nach dem Beladen des Containers gelegt worden. Bevor der Container geschlossen wird, wird der genaue Zustand der Ware quittiert und überprüft. Ab diesem Zeitpunkt liegt das Risiko bei dem Käufer und alle Beschädigungen, die auf dem Weg zum Käufer entstehen, müssen von seiner Versicherung getragen werden. Es gibt die Möglichkeit zwischen zwei Übergabeorten zu wählen. Entscheidet sich der Käufer für die Übergabe auf dem Werksgelände, so muss das Transportmittel vom Käufer durch den Verkäufer beladen werden. Wählt er den Übergabeort außerhalb des Werkgeländes, so muss die Ware lediglich ohne Entladung dem Käufer bereitgestellt werden. Termintreue ist essenziell, da es für den Käufer aufgrund eigener Lieferverpflichtungen von großer Bedeutung sein kann.[26] Gem. §376 HGB könnte eine Fristüberschreitung zu Schadensersatz wegen Nichterfüllung führen.[27]

3. CPT

„CPT“ bedeutet „carriage paid to (named place of destination)“ bzw. „Frachtfrei (benannter Bestimmungsort)“. Der Verkäufer liefert die Ware dem Frachtführer oder einer anderen vom Verkäufer benannten Person an einen vereinbarten Ort. Der Verkäufer muss den Beförderungsvertrag abschließen und die für die Beförderung der Ware, bis zum benannten Bestimmungsort, entstehenden Frachtkosten zahlen.[28]

Erläuterung: Diese Klausel ist eine aktive Lieferbedingung und kann für alle Transportmittel eingesetzt werden, es wird ein Speditions-Beförderungsvertrag für die gesamte Strecke bis zum Bestimmungsort abgeschlossen. Sie eignet sich für den Containertransport. Der Verkäufer kümmert sich um den Spediteur und um den Haupttransport. Er belädt den Container und dokumentiert beim Verschließen die Unversehrtheit der Ware. Der Verkäufer bezahlt die Versicherungsprämie und beschafft die Transportversicherung. Jedoch ist er lediglich dazu verpflichtet die Mindestdeckung abzuschließen. Er hat ein Recht auf Zahlung nach Übergabe an den ersten Frachtführer. Nach Lieferung der Ware gehen alle Kosten und jegliche Gefahren

---

[25] *Bernstorff*, Incoterms Kommentar, S. 89ff. Rdn. 329ff.
[26] *Grüske*, Incoterms, S. 51.
[27] § 376 Abs. 1 Handelsgesetzbuch.
[28] *Bernstorff*, Incoterms Kommentar, S.100 ff. Rdn. 386ff.

auf den Käufer über. Diese Vertragsformel ist auch für den multimodalen Transport geeignet. In der Praxis werden oftmals mehrere aufeinanderfolgende Frachtführer eingesetzt. Hierbei geht die Gefahr auf den Käufer über, sobald die Ware vom ersten Frachtführer übergeben worden ist.[29]

4. CIP

Die Abkürzung „CIP“ steht für „Carriage and Insurance Paid to (named place of destination)„ bzw. „Frachtfrei versichert (benannter Bestimmungsort)“. Dies bedeutet, dass der Verkäufer die Ware dem Frachtführer oder einer anderen vom Verkäufer benannten Person an einem vereinbarten Ort liefert. Zusätzlich muss der Verkäufer den Beförderungs- und Versicherungsvertrag abschließen und für die Beförderung der Ware bis zum benannten Bestimmungsort entstehenden Frachtkosten aufkommen. Die Versicherungsdeckung muss der Mindestdeckung gem. den Klauseln C der Institute Cargo Clauses entsprechen.[30]

Erläuterung: „CIP“ ist eine Parallele zu den Klauseln „CIF“ und „CPT“. Diese Klausel entspricht, weitgehend wörtlich, CPT mit zusätzlicher Versicherungspflicht für den Exporteur. Die Versicherungsklausel wiederum entspricht der entsprechenden CIF Regelung. Der Verkäufer ist zum Abschluss eines Beförderungsvertrages, zur Exportabfertigung und zum Abschluss eines Versicherungsvertrages verpflichtet. Der Käufer trägt lediglich die Importabfertigung. Diese Klausel darf nicht bei Selbstversicherern angewandt werden, da sonst eine Doppelversicherung besteht.[31]

5. DAT

„DAT“ übersetzt „delivered at terminal (at port or place of destination)“ bzw. „Geliefert ab Terminal (benanntes Terminal im Hafen oder Bestimmungsort)“ besagt, dass der Verkäufer die Ware liefert, sobald die Ware von dem ankommenden Beförderungsmittel entladen wurde und dem Käufer an einem benannten Terminal im benannten Bestimmungshafen oder –ort zur Verfügung gestellt wird. „Terminal“ kann jeder Ort sein, unabhängig davon ob überdacht oder nicht, wie z. B. ein Kai, eine Lagerhalle oder ein Luftfrachtterminal. Der Verkäufer trägt alle Gefahren die im Zusammenhang mit der Beförderung der Ware, sowie der Entladung im Terminal am benannten Bestimmungshafen oder –ort entstehen.[32]

---

[29] *Grüske*, Incoterms, S. 74.
[30] *Bernstorff*, Incoterms Kommentar, S. 108ff. Rdn. 433ff.
[31] *Grüske*, Incoterms, S. 76.
[32] *Bernstorff*, Incoterms Kommentar, S. 116ff. Rdn. 479ff.

Beispiel: Für die Strecke Hamburg nach Russland, durch Polen, wird ein Transportvertrag abgeschlossen, da eine Ladung PKWs geliefert werden soll. Während einer Pause zwischen Polen und Russland wird der LKW gestohlen und später leer aufgefunden. Die Nachweispflicht, dass es sich um einen Diebstahl und keinen Versicherungsbetrug handelt liegt nun beim Verkäufer. Da dies nahezu unmöglich ist, wird die Versicherung für den entstandenen Schaden nicht aufkommen. Die Verantwortung liegt bei dieser Klausel beim Verkäufer, da dieser nachweispflichtig ist.[33]

6. DAP

DAP ersetzt die früheren Klauseln DES, DEQ (dafür stattdessen auch DAT), DAF und DDU. Unter „DAP“ versteht man „delivered at place (named place of destination)“ bzw. „Geliefert am Ort(benannter Bestimmungsort)“. Dies bedeutet, dass der Verkäufer liefert, wenn die Ware dem Käufer auf dem ankommenden Beförderungsmittel entladebereit am benannten Bestimmungsort zur Verfügung gestellt wird. Der Verkäufer trägt alle Gefahren, die im Zusammenhang mit der Beförderung zum benannten Ort stehen. Aufgrund dessen sollte die Übergabestelle präzise vereinbart werden. Diese Klausel eignet sich auch für Großtransporte, bei denen der Übernahmevorgang am besten vom Empfänger organisiert werden soll. Wahlweise kann natürlich auch DAT verwendet werden.[34]

Erläuterung: Bei der Lieferterminzusage ist empfehlenswert dies mit Vorsicht zu tun. Der Verkäufer ist verpflichtet die Ware termingerecht zu liefern auch wenn auf dem Weg zum Lieferort ein Schaden auftritt. Unter Umständen kann dies unmöglich sein und eine Konventionalstrafe zur Folge haben. Die Entladekosten und die Gefahr der Entladung trägt der Käufer. Bei Luftfracht endet die Beförderung oftmals erst bei Entladung. Dennoch werden die Kosten und die Gefahr vom Käufer getragen.[35]

7. DDP

Diese Klausel ist das Pendant zu EXW. Es stellt aus der Sicht des Verkäufers die Maximalverpflichtung dar. Der Begriff „DDP“ bedeutet „delivered duty paid (named place of destination) bzw. „Geliefert verzollt(benannter Bestimmungsort)“. Der Verkäufer liefert, wenn er die zur Einfuhr freigemachte Ware dem Käufer auf dem ankommenden Beförderungsmittel entladebreit am benannten Bestimmungsort zur Verfügung stellt. Der Verkäufer trägt alle Kosten

---

33 *Grüske*, Incoterms, S. 79.
34 *Bernstorff*, Incoterms Kommentar, S. 123ff. Rdn. 517ff.
35 *Grüske*, Incoterms, S. 81, 82.

und Gefahren, die im Zusammenhang mit der Beförderung der Ware bis zum Bestimmungsort entstehen. Des Weiteren hat er die Verpflichtung die Ware nicht nur für die Aus- als auch für die Einfuhr zu zahlen, sondern auch zusätzlich alle Zollformalitäten zu erledigen.[36]

Erläuterung: Bis auf das Entladen am Bestimmungsort werden alle Kosten und Risiken durch den Verkäufer getragen. Sie wird auch „Frei-Haus-Lieferung" genannt. Falls also z. B. ein Kran zum Abladen benötigt wird, liegen die Verantwortung und die Kosten dafür beim Käufer. DDP entspricht inhaltlich DAP plus Zoll- und Steuerabwicklung, DDP Paris bedeutet z. B, dass die französische Mehrwertsteuer entrichtet wird. Wenn die Mehrwertsteuer im Importland durch den Verkäufer bezahlt wird, können im Inland weder Käufer noch Verkäufer diese als Vorsteuer geltend machen. Es ist möglich innerhalb des Binnenmarktes DDP zu liefern. Der Verkäufer im Ausland benötigt die Steuer-Identifikations-Nummer des deutschen Kunden, damit er mehrwertsteuerfrei liefern kann. Für den Käufer entsteht dann eine nationale Steuerschuld (Erwerbssteuer).[37]

II. See- und Binnenschiffahrtstransport

1. FAS

„FAS" steht für „free alongside ship (named port of shipment)" bzw. „Frei Längsseite Schiff (benannter Verschiffungshafen)". Der Verkäufer liefert, wenn die Ware längsseits des Schiffes (z. B. an einer Kaianlage oder auf einem Binnenschiff) in den benannten Verschiffungshafen gebracht ist. Die Gefahr des Verlustes oder der Beschädigung der Ware geht über, wenn sich die Ware längsseits des Schiffes befindet. Der Käufer trägt ab dem Zeitpunkt alle Kosten.[38]

Erläuterung: Der Verkäufer muss zusätzlich zum Verschiffungshafen, z. B. Hamburg, den genauen Ankunftszeitpunkt und den Anlege-Kai dem Käufer mitteilen. Damit die Lieferung vollständig vollzogen ist, muss die Lieferung am besagten Kai abgeladen und bereitgestellt werden, damit die Ware unverzüglich übergeben werden kann. Der Verkäufer ist seit 2000 für die Exportabfertigung verantwortlich. Bis 2000 schuldete der Verkäufer keine exportfreie Ware.[39]

---

[36] *Bernstorff*, Incoterms Kommentar, S. 129ff. Rdn. 552ff.
[37] *Grüske*, Incoterms, S. 54.
[38] *Bernstorff*, Incoterms Kommentar, S. 136ff. Rdn. 588ff.
[39] *Grüske*, Incoterms, S. 58.

2. FOB

FOB ist eine klassische Lieferklausel im Schiffsverkehr; für den Container-Verkehr ist FCA geeigneter. FOB ist neben CIF wohl die allg. bekannteste, wenn auch nicht die am meisten verwendete Klausel. Der Begriff „FOB" ausformuliert „Free on board (named port of shipment)" bzw. „Frei an Bord (benannter Verschiffungshafen)" bedeutet, dass der Verkäufer die Ware an Bord des vom Käufer benannten Schiffes im benannten Verschiffungshafen liefert oder die bereits so gelieferte Ware verschafft. Die Gefahr des Verlustes oder der Beschädigung der Ware geht über, wenn die Ware an Bord des Schiffes ist. Ab diesem Zeitpunkt trägt der Käufer alle Kosten.[40]

Erläuterung: Diese Klausel wird häufig falsch angewendet. Der Risikoübergang ist vollzogen, wenn die Ware an Bord des Schiffes (free on board) ist. Im Sprachgebrauch wird „an Bord" auch mit anderen Dingen in Verbindung gebracht wie, z. B. das Bordrestaurant im Zug, Bordcase im Flugzeug, „Baby an Bord" in einem Auto. Bei falscher Anwendung, beispielsweise beim Transport im Flugzeug anstatt per Schiff, kann ein „Versicherungsfreier Raum" entstehen. Dieser führt zu einem Total-Verlust. FOB-Verträge werden oft im Importland vorgeschrieben, um Speditions- und Versicherungsaufträge für eigene Unternehmen zu sichern und Devisen zu sparen, da nationale Transporteure und Versicherungen in Inlandswährung bezahlt werden können.[41]

3. CFR

Die Abkürzung „CFR" steht für „Cost and freight (named port of destination)" bzw. „Kosten und Fracht (benannter Bestimmungshafen)". Wie bei „FOB" liefert der Verkäufer die Ware an Bord des Schiffes oder verschafft die bereits gelieferte Ware. Die Gefahr des Verlustes oder der Beschädigung der Ware geht über, wenn die Ware an Bord des Schiffes ist. Der Verkäufer hat den Beförderungsvertrag abzuschließen und die Kosten der Fracht zu tragen, die für die Beförderung der Ware zum benannten Bestimmungshafen erforderlich sind.[42]

Erläuterung: Bei dieser Klausel müssen 5 wichtige Punkte beachtet werden:

1. Der benannte Ort ist ein Bestimmungshafen. Es muss genau erläutert werden wann und wo das Schiff ankommt.
2. Die Ware gilt als geliefert und der Verkäufer hat das Recht auf Zahlung, wenn die Ware an Bord des Schiffes ist.

---

[40] *Bernstorff*, Incoterms Kommentar, S. 143ff. Rdn. 624ff.
[41] *Grüske*, Incoterms, S. 41ff.
[42] *Bernstorff*, Incoterms Kommentar, S. 151ff. Rnd. 661ff.

3. Der Verkäufer legt die Kosten bis zum Ankunftshafen aus.
4. Der Transportvertrag wird vom Verkäufer abgeschlossen.
5. Der Käufer muss ab Ankunft der Ware bis zu ihrem Endstandort eine eigene Transportversicherung abschließen.[43]

Beispiel: Ein Verkäufer soll die Ware von Düsseldorf nach Australien liefern. Er bringt seine Ware von Düsseldorf nach Hamburg und hat einen Transportvertrag bis Sydney mit der Reederei abgeschlossen. In Hamburg wird die Ware an Bord des Schiffes gebracht, nachdem er alle Ausfuhrformalitäten erledigt hat. Die Lieferung ist somit vollzogen. Nun liegt das Risiko nicht mehr beim Verkäufer.[44]

4. CIF

CIF ist eine klassische Seefrachtklausel. CIF erweitern die CFR-Verpflichtungen des Verkäufers. „CIF" steht für „Cost, Insurance, Freight (named port of destination)" bzw. „Kosten, Versicherung, Fracht (benannter Bestimmungshafen). Es müssen alle Voraussetzungen wie bei „CFR" vorliegen. Zusätzlich muss die Versicherungsdeckung der Mindestdeckung gem. den Klauseln C der Institute Cargo Clauses entsprechen. CIF entspricht also in etwa FOB plus reguläre Fracht- plus Versicherungskosten bis zum Bestimmungsort.[45]

Erläuterung: Wenn die Warenlieferung bis zum Bestimmungsort zusätzlich zur bezahlten Seefracht versichert werden soll, muss diese Klausel vereinbart werden. Der Verkäufer sollte zwei Transportversicherungen abschließen, eine für sich selbst, vom Werk bis zur Lieferung an Bord und die zweite im Namen des Käufers ab Beladung des Schiffes. Diese Vertragsformel kann nur für den See- und Binnenschiffstransport verwendet werden. Falls die Parteien nicht beabsichtigen die Ware nicht an Bord eines Schiffs zu liefern, sollte die CIP-Klausel verwendet werden. Die ist auf alle Transportmittel anwendbar ist.[46]

[43] *Grüske*, Incoterms, S. 62-63.
[44] *Grüske*, Incoterms, S. 65.
[45] *Bernstorff*, Incoterms Kommentar, S. 158ff. Rdn. 697ff.
[46] *Grüske*, Incoterms, S. 69.

D. Fazit und Ausblick

Das Ziel der vorliegenden Arbeit war es, die Incoterms 2010 vorzustellen und mit anschaulichen Beispielen zu untermauern. Dabei konnte herausgearbeitet werden, dass die Incoterms weder nach der Rechtsquellenlehre die Qualität als Rechtsnorm erfüllen, noch dem Gewohnheitsrecht entsprechen. Vielmehr ergänzen und konkretisieren die internationalen Handelsklauseln die Rechte und Pflichten der Vertragsparteien im Gegensatz zum alleinigen Einsatz des UN-Kaufrechts. Durch ihre knappe und prägnante Ausdrucksform gelangt der Kaufmann bzw. der Unternehmer zu einer Rechtssicherheit, die ihm Nutzen und Risiko verdeutlicht und ihn vor möglichen Benachteiligungen bewahrt. Im Zweifel können Gerichte mithilfe der AGB-Kontrolle regelnd eingreifen, müssen dabei jedoch die besonderen Bedürfnisse nach Flexibilität und geschäftlicher Erfahrung berücksichtigen.

Ihrer Natur nach bringen die Incoterms den großen Vorteil mit, dass sie schnell und flexibel an Veränderungen im Transportwesen angepasst werden können und damit den Anforderungen der Vertragsparteien gerecht werden. Während internationale Konventionen oder völkerrechtliche Übereinkommen zunächst auf Konferenzen diskutiert und daraufhin langwierige Ratifikationsverfahren in den Vertragsstaaten durchlaufen müssen, stützen sich die Incoterms lediglich auf den ICC und unterliegen somit einem geringeren bürokratischen Aufwand. Darüber hinaus ist es dem ICC gelungen, durch Unabhängigkeit, jahrzehntelange Erfahrung sowie konsequentes Vorgehen eine Gleichförmigkeit zu schaffen, die echte Rechtsnormen nicht erreicht haben. Und das, obwohl der ICC keinem rechtlichen Zwang unterliegt.

Die bereits im Vorwort erwähnte Globalisierung und der wachsende grenzüberschreitende Warenverkehr haben dafür gesorgt, dass die Incoterms und die damit einhergehende Erleichterung bei der Vertragsgestaltung fester Bestandteil internationaler Kaufverträge geworden sind und sich weltweit durchgesetzt haben. Es wäre überaus wünschenswert, wenn sich in Zukunft ein weltweites Wirtschaftsvertragsrecht entwickeln würde, das Lücken und Defizite aktueller Rechtsnormen ausgleicht und dennoch ausreichend Flexibilität für nötige Anpassungen bietet.[47]

[47] *Weick*, ZJA (5) S. 589-590.

Literaturverzeichnis

Amtsblatt der Europäischen Union: VERORDNUNG (EG) Nr. 593/2008 DES EUROPÄISCHEN PARLAMENTS UND DES RATES vom 17. Juni 2008 über das auf vertragliche Schuldverhältnisse anzuwendende Recht (Rom I) 04.07.2008, S. L177/6.

Bernstorff, Christoph von (2012): Incoterms 2010 der Internationalen Handelskammer (ICC). Kommentierung für die Praxis inklusive offiziellem Regelwerk ; deutsch-englische Ausgabe ; mit CD-ROM. 2. Aufl. mit erw. und aktualisierter Kommentierung. Köln: Bundesanzeiger-Verl (Unternehmen und Wirtschaft).

Bredow, Jens; Seiffert, Bodo (2000): Incoterms 2000. Kommentar. Bonn: Economica-Verl. (Internationale Wirtschaftspraxis).

Gildeggen, Rainer; Willburger, Andreas (2005): Internationale Handelsgeschäfte. Eine Einführung in das Recht des grenzüberschreitenden Handels. 2., überarb. Aufl. München: Vahlen (Deutsches und internationales Wirtschaftsrecht).

Grau, Carsten; Markwardt, Karsten (2011): Internationale Verträge. Berlin, Heidelberg: Springer-Verlag Berlin Heidelberg (SpringerLink : Bücher).

Grüske, Werner (2010): INCOTERMS® 2010 - Praxishandbuch. Praxis-Know-how für Anwender zum offiziellen Regelwerk der INCOTERMS® 2010. 1 verbl. Aufl. 2010. Torgau: TANGENS Verlag.

Hopt, Klaus J.; Baumbach, Adolf (2012): Handelsgesetzbuch. Mit GmbH & Co., Handelsklauseln, Bank- und Börsenrecht, Transportrecht (ohne Seerecht). 35., neubearb. Aufl. München: Beck, C H (Beck'sche Kurz-Kommentare, Bd. 9).

ICC Deutschland e.V. (2010): Incoterms® 2010. Berlin: ICC Deutschland e.V.

Koether, Reinhard (2012): Distributionslogistik. Effiziente Absicherung der Lieferfähigkeit. Wiesbaden: Gabler Verlag (SpringerLink : Bücher).

Kropholler, Jan; Neuhaus, Paul Heinrich (2006): Internationales Privatrecht. Einschliesslich der Grundbegriffe des internationalen Zivilverfahrensrechts. 6., neubearbeitete Aufl. Tübingen: Mohr Siebeck.

Lehr, Wolfgang (2000): Die neuen Incoterms 2000. In: Versicherungsrecht (51), S. 548–557.

Lenz, Tobias (2012): Die Rechtsabteilung. Der Syndikus und Steuerberater im Unternehmen. Wiesbaden: Gabler Verlag.

Pfeiffer (2008): Neues Internationales Vertragsrecht - Zur ROM I-Verordnung. In: EuZW (20), S. 622–629.

Piltz, Burghard (2001): UN-Kaufrecht. Gestaltung vin Export- und Importverträgen. 3. Aufl. Heidelberg.

Schackmar, Rainer (2001): Die Lieferpflicht des Verkäufers in internationalen Kaufverträgen. UN-Kaufrecht und INCOTERMS. Berlin: Erich Schmidt.

Weick, Günter (2012): Incoterms 2010 - Ein Beispiel für die "neue lex maercatoria". In: ZJA (5), S. 584–592.

Wieske, Thomas (2012): Transportrecht - schnell erfasst. 3. Aufl. Heidelberg: Springer (Recht - schnell erfasst).

Vanessa Brandt

Incoterms. Begriff, Bedeutung, Beispiele

International Commercial Terms, Handelsklauseln

GRIN Verlag

Bibliografische Information der Deutschen Nationalbibliothek:

Die Deutsche Bibliothek verzeichnet diese Publikation in der Deutschen Nationalbibliografie; detaillierte bibliografische Daten sind im Internet über http://dnb.d-nb.de/ abrufbar.

Impressum:

Druck und Bindung: Books on Demand GmbH, Norderstedt Germany
ISBN: 978-3-656-59992-0

Dieses Buch bei GRIN:

http://www.grin.com/de/e-book/268970/incoterms-begriff-bedeutung-beispiele

**Hochschule
für Oekonomie & Management**
University of Applied Sciences

Berufsbegleitender Studiengang Wirtschaftsrecht

Incoterms:

BEGRIFF, BEDEUTUNG, BEISPIELE

Prüfungsfach: Handels- und Unternehmensrecht

Abgabetermin: 17.01.2014

Vorgelegt von:

Vanessa Brandt

Inhaltsverzeichnis

ABKÜRZUNGSVERZEICHNIS

ASEAN	Association of Southeast Asian Nations
Aufl.	Auflage
BGB	Bürgerliches Gesetzbuch
CFR	Cost and Freight
CIF	Cots, Insurance, Freight
CIP	Carriage and Incurance Paid To
CISG	United Nations Convention on Contracts for the International Sale of Goods
CPT	Carriage Paid To
DAP	Delivered AT Place
DAT	Delivered At Terminal
DDP	Delivered Duty Paid
EG/EGV	Vertrag zur Gründung der Europäischen Gemeinschaft, EG-Vertrag
EGBGB	Einführungsgesetz zum Bürgerlichen Gesetzbuch
engl.	englisch
EU	Europäische Union
EXW	Ex Works
FAS	Free Alongside Ship
FCA	Free Carrier
ff.	fortfolgende
FOB	Free On Board
gem.	Gemäß
HGB	Handelsgesetzbuch

Hrsg.	Herausgeber
ICC	International Chamber of Commerce
Incoterms	International Commercial Terms
IPR	Internationales Privatrecht
NAFTA	North America Free Trade Agreement
Rdn.	Randnummer
ROM I-VO	Verordnung (EG) Nr. 593/2008 des Europäischen Parlaments und des Rates vom 17. Juni 2008 über das auf vertragliche Schuldverhältnisse anzuwendende Recht (Rom I)
S.	Seite
sog.	sogenannte
UNK	Übereinkommen der Vereinten Nationen über Verträge über den internationalen Warenkauf (UN-Kaufrecht)
usw.	und so weiter
VO	Verordnung

ABBILDUNGSVERZEICHNIS

A. Einleitung

Unsere Welt unterliegt der ständigen Veränderung. Während sich moderne Industrienationen im Spannungsfeld zwischen Globalisierung und Liberalisierung des Welthandels bewegen, kämpfen schwächere Nationen mit politischen Konflikten und öffnen sich nur langsam dem internationalen Warenverkehr. Kurze Produktlebenszyklen und intensiver Preiswettbewerb sorgen für immer rasantere wirtschaftliche Prozesse, die nur durch technische Fortschritte wie dem vermehrten Einsatz elektronischer Kommunikation sowie optimierter Logistikprozesse umgesetzt werden können. Doch nicht nur die Produktion und der Handel sind von dieser Geschwindigkeit betroffen – auch Kunden möchten durch schnelle Lieferzeiten an den weltumspannenden Transportnetzen partizipieren, ohne Einbußen in Sicherheit und Verlässlichkeit zu erleiden. Um diesem Anspruch gerecht zu werden bedarf es einer klaren Absprache zwischen Käufer und Verkäufer, in der Rechte und Pflichten eindeutig manifestiert sind. Dies kann ausdrücklich oder stillschweigend geschehen – und es kann sich an gesetzliche Bestimmungen knüpfen, oder aber landesübliche Handelsbräuche umfassen. Neben der Festlegung der Vertragsparteien, dem Vertragsgegenstand, dem Preis, Gewährleistungsbestimmungen und weiteren Punkten bilden besonders die Lieferbedingungen einen wesentlichen Schwerpunkt: Wer hat die Kosten für Transport, Versicherung und Zoll zu tragen? Wer trägt das Risiko der zufälligen Beschädigung oder des zufälligen Verlusts? Werden solche Fragen der Gefahrtragung nur unzureichend geklärt, kann es ex post zu Missverständnissen kommen, die zeit- und kostspielige Konflikte, im schlimmsten Fall auch Gerichtsprozesse zur Folge haben. Genau hier setzten die Incoterms an: Dabei handelt es sich um standardisierte Lieferbedingungen, die von dem ICC herausgegeben werden – einer renommierten nichtstaatlichen Organisation mit Sitz in Paris, deren Mitglieder eine umfassende Sachkenntnis in der internationalen Handelspraxis aufweisen. Die Incoterms ersetzen nicht den ganzen Kaufvertrag, sondern widmen sich dem Gefahrübergang und der Verantwortlichkeit für Risiko und Kosten.[1] Die vorliegende Arbeit setzt sich zum Ziel, die Incoterms 2010, also die aktuellen Regeln der ICC zur Auslegung nationaler und internationaler Handelsklauseln, vorzustellen und mit anschaulichen Beispielen zu untermauern. Sie gliedert sich wie folgt: Kapitel B klärt über Begriffe und Grundlagen auf und schafft eine notwendige Basis für das weitere Verständnis. In Kapitel C werden alle elf Klauseln erklärt und passende Beispiele angehängt. Das letzte Kapitel gibt einen Überblick über die gewonnenen Erkenntnisse, fasst diese eingängig zusammen und erlaubt einen Einblick in zukünftige Entwicklungen.

---

[1] *Grüske,* Incoterms, S. 8-11; *Koether,* Distributionslogistik, S. 93.

B. Begriffe und Grundlagen

I. Die Internationale Handelskammer

Auf privatrechtlicher Basis wurde die International Chamber of Commerce (ICC) im Jahre 1919 gegründet. Der Hauptsitz der weltweiten Organisation ist in Paris. Die für die Mitglieder zur Verfügung gestellten Dienstleistungsangebote nutzen mittlerweile mehr als 1500 Wirtschaftsorganisationen und über 5000 Unternehmen aus mehr als 130 Ländern. Durch neu geschaffene Handelsräume, wie etwa ASEAN, NAFTA, EU usw, übernimmt die ICC auch die Vertretung der internationalen Wirtschaft an unterschiedlichen Schaltstellen der Politik.[2] Die Erleichterung und Förderung des internationalen Handels ist eine der wichtigsten Aufgaben der ICC.[3]

II. Incoterms

International Commercial Terms (Incoterms) wurden erstmals 1936 aufgestellt.[4] Sie haben sich seit Ihrer Veröffentlichung zum wichtigsten Klauselwerk im internationalen Handel entwickelt.[5] Neuauflagen der Handelsklauseln folgten unregelmäßig in den Jahren 1953, 1967, 1980, 1990 und 2000. Die 7. Revision wurde am 01.01.2011 von der ICC publiziert. Der jeweilige Stand der Incoterms wird mit Angabe der Jahreszahl gekennzeichnet, jetzt die aktuelle Jahreszahl 2010, also „Incoterms 2010".[6] Die allgemeine Struktur der Incoterms hat sich jedoch nicht verändert. Die Einteilung, Bezeichnungen und Abkürzungen der neu geschaffenen Incoterms 2010 bleiben bestehen.[7] Es wurden vier alte Klauseln durch die beiden neuen Klauseln „DAT" und „DAP" ersetzt. 2010 wurde also die Anzahl der Incoterms von 13 auf 11 Klauseln verringert. Diese 11 Klauseln teilen sich in sieben Klauseln für alle Transportarten und vier Klauseln für den See- und Binnenschifffahrtstransport auf. Durch Vereinbarung der Incoterms in Kaufverträgen wird die unterschiedliche Auslegung von Handelsklauseln in den verschiedenen Ländern vermieden oder zumindest erheblich eingeschränkt. In den meisten Ländern liegen die Klauseltexte jeweils in der dortigen Landessprache vor, was die Verständigung und Abstimmung zwischen Käufer und Verkäufer erleichtert. Bei Streitfällen z. B. vor Gericht ist aber immer der englische Originaltext verbindlich. Die Incoterms können nicht nur im internationalen Handel, sondern auch bei Inlandsgeschäften in Deutschland und im

---

[2] *Bernstorff*, Incoterms Kommentar, S. 20 Rdn. 65ff.
[3] *Bredow/Seiffert*, Incoterms Kommentar, S. 1.
[4] *Baumbach/Hopt* Anhang 6 Rdn. 3.
[5] *Lehr*, Versicherungsrecht, S. 548-549.
[6] *Bernstorff*, Incoterms Kommentar, S. 13 Rdn. 36.
[7] *Lenz*, Die Rechtsabteilung, S. 269 Rdn. 16.

Binnenhandel der EU eingesetzt werden, wobei einzelne Verpflichtungen von Verkäufer und Käufer entfallen bzw. zu modifizieren sind (z. B. bezüglich der Zollabfertigung). Die Entwicklung der internationalen Handelspraxis erfordert in Intervallen Anpassungen der Incoterms, deren jüngste mit Wirkung zum 01.01.2011 unter der Bezeichnung „Incoterms 2010" vollzogen wurde. DAF, DES, DEQ und DDU wurden gestrichen und zwei neue Klauseln hinzugefügt: DAT, DAP.[8] Bei internationalen Kaufverträgen spielen sie eine wichtige Rolle, da sie Schwierigkeiten beseitigen können, die sich ergeben, weil vertragliche Bestimmungen nicht einheitlich verstanden werden. Es handelt sich bei den Incoterms nicht um staatliches Recht, sondern lediglich um rein privatrechtliche Regelungen da die ICC keine Rechtsetzungsbefugnis hat.[9] Die Einbeziehung der Incoterms erfolgt in der Regel durch ausdrückliche Vereinbarung. Eine stillschweigende (konkludente) Vereinbarung ist in Ausnahmen durch Handelsbrauch jedoch auch möglich.[10]

III. Privatrecht

Die Bezeichnung Internationales Privatrecht (IPR) taucht in Deutschland erstmals 1841 auf.[11] Die primäre Norm der allgemeinen Vorschriften befindet sich in Art. 3 EGBGB. Die Legaldefinition wurde neu gefasst durch das Gesetz zur Anpassung der Vorschriften des Internationalen Privatrechts an die VO (EG) Nr. 864/2007 vom 10.12.2008 (BGBl. I S. 2401). Demzufolge ist das IPR derjenige Teil, der bestimmt, welches nationale Recht auf den Sachverhalt angewendet wird. Somit gelten aus deutscher Sicht im internationalen Warenaustausch nicht die Vorschriften des HGB/BGB, sondern die des IPR. Die Unanwendbarkeit eines neutralen Rechts ist angesichts des internationalen Warenverkehrs berechtigt.[12] Wichtigste Norm des IPR im Bereich internationaler Verträge ist die Verordnung (EG) Nr. 593/2008 über das auf vertragliche Schuldverhältnisse anzuwendende Recht[13] (Rom I-VO), die mit ihrem Inkrafttreten am 17.12.2009 die Regeln des EGBGB hinsichtlich internationaler Schuldverträge ersetzt. Diese Vorschriften finden als Verordnung unmittelbare Anwendung (Art. 249 EGV) innerhalb der EU Mitgliedsstaaten, mit Ausnahme von Dänemark. Sie haben Vorrang gegenüber kollidierenden nationalen Regeln.[14] Die Rom I-VO ist somit anwendbar auf alle Verträge, die nach dem 17.12.2009 geschlossen wurden und werden. Für alle anderen Verträge sind weiterhin die früheren Vorschriften des EGBGB (Art. 11, 12, 27-38 EGBGB) anwendbar.

---

[8] *ICC*, Incoterms, S. 132ff.
[9] *Schackmar*, Die Lieferpflicht des Verkäufers, S. 71.
[10] *Baumbach/Hopt* Anhang 6 Rdn. 7.
[11] *Kropholler*, Internationales Privatrecht, § 1.
[12] *Piltz*, UN-Kaufrecht, S. 2ff.
[13] ABI, L 177/6.
[14] *Pfeiffer*, EuZW (20), S. 622.

IV. Das UN-Kaufrecht

Maßgeblich für den internationalen Warenverkauf ist das UN-Kaufrecht (UNK oder United Nations Convention on Contracts for the International Sale of Goods – CISG) vom 11.04.1980. Bisher sind 74 Staaten diesem Übereinkommen beigetreten.[15] Bei Kaufverträgen zwischen Angehörigen dieser Staaten gilt grundsätzlich das UN-Kaufrecht. Die Übereinkunft lässt den beigetretenen Staaten die Möglichkeit, einzelne Vorschriften zu modifizieren. Auch ist es den Vertragsparteien gestattet die Anwendung des UN-Kaufrechts auszuschließen. Es deckt nicht alle relevanten Gebiete des internationalen Kaufs ab. Nicht geregelt sind z. B. die wichtigen Rechtsfragen der Gültigkeit des Vertrages und einzelner Vertragsklauseln, des Eigentumsübergangs und Eigentumsvorbehalts sowie der Produkthaftung des Verkäufers. Normalfall der Nutzung des UN-Kaufrechts ist der Warenkauf zwischen gewerblichen Verkäufern aus verschiedenen Vertragsstaaten des UN-Kaufrechts. Es regelt die Kaufverträge über die Lieferung von beweglichen Sachen, einige Sachen wie z. B. Schiffe sind jedoch ausgenommen. Die Rechtswahl für die Verträge zwischen zwei Mitgliedsstaaten muss, gem. Art. 1 CISG, nicht ausdrücklich vereinbart werden. Kaufverträge bei nur einem oder keinem Mitgliedsstaat müssen im Kaufvertrag das UN-Kaufrecht festlegen, damit das CISG zur Geltung kommt.[16] Das IPR wird als Kollisionsrecht bezeichnet, da es zur Anwendung kommt wenn das UN-Kaufrecht nicht genutzt werden kann.[17]

---

[15] *Piltz*, UN-Kaufrecht, S. 1ff.
[16] *Piltz*, UN-Kaufrecht, S. 2ff.; *Schackmar*, Die Lieferpflicht des Verkäufers, S. 52.
[17] *Schackmar*, Die Lieferpflicht des Verkäufers, S. 36.

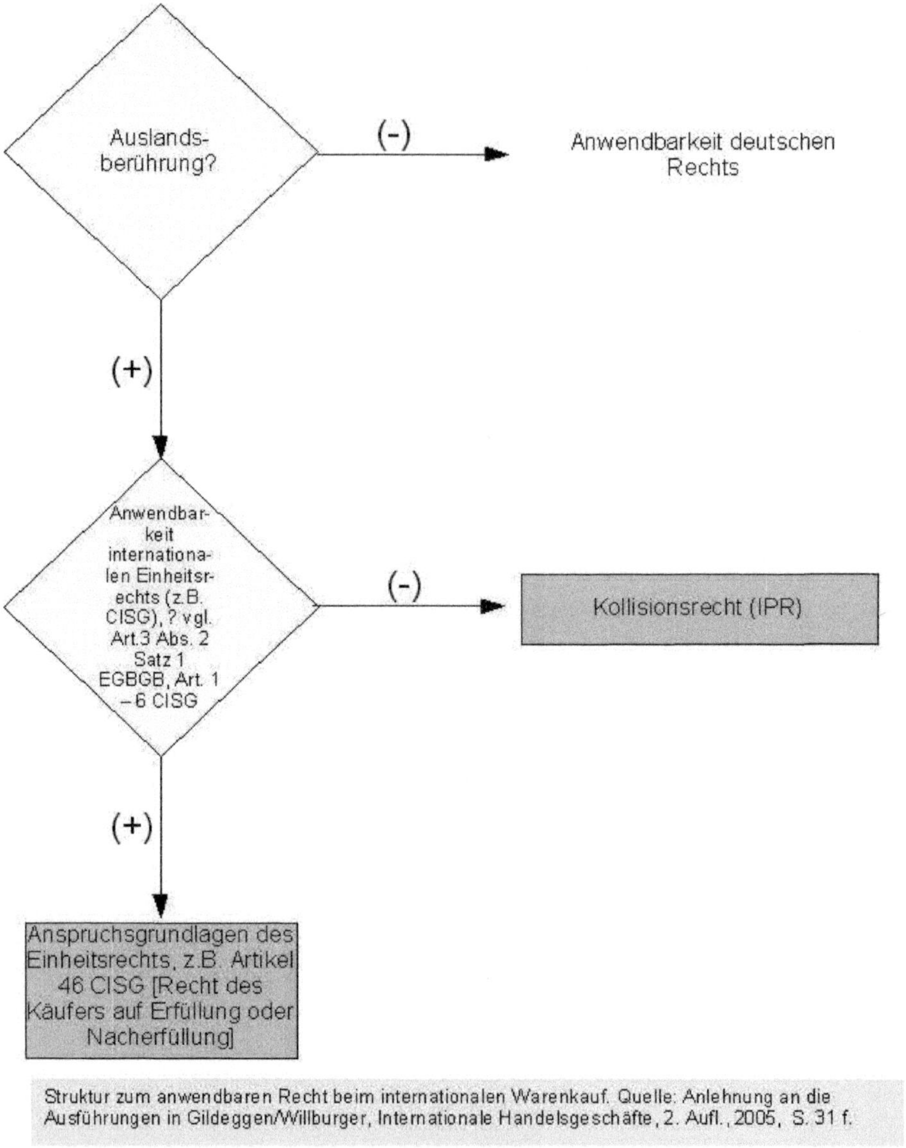

Abbildung 1: Struktur zum anwendbaren Recht beim internationalen Warenkauf[18]

[18] *Gildeggen/Willburger*, Handelsgeschäfte, S. 31ff.

V. Einbeziehung in Verträge

Aus dem (Kauf-)Vertrag zeichnet sich ab, wer Vertragspartner im Transportrecht ist. Vielfach ergibt es sich auch aus den vereinbarten Incoterms, Absender und Empfänger.[19] Incoterms beschränken sich lediglich auf die Rechte und Pflichten der Vertragspartner im Hinblick auf die Lieferung einer (beweglichen) Ware, deren Verkauf bereits abgeschlossen ist.[20] Incoterms sind nicht auf den Kaufvertrag konzentriert, sondern lediglich auf den Warentransport. Das UN-Kaufrecht hingegen ist auf den internationalen Warenverkauf ausgerichtet. Diesen deutlichen Unterschied in der Konzeption gilt es zu beachten.[21] Incoterms werden meist im Rahmen einer Lieferbedingung als Vertragsklausel miteinbezogen. Dies führt dazu, dass sie wie „Allgemeine Geschäftsbedingungen" gewertet werden. Entscheidend für die Einbeziehung der Incoterms ist immer der Vertragsschluss. Sie werden also nicht automatisch Gegenstand eines Vertrages, nur weil es sich um internationales Liefergeschäft handelt. Es sollte also ausdrücklich vermerkt werden, welche Klausel und Fassung der Incoterms eingesetzt und welcher Ort des Gefahrenübergangs gewählt wird. Werden somit bei Vertragsschluss z. B. Incoterms 2010 einbezogen, so gilt dies für den gesamten Vertrag. Ein einfacher Rechnungshinweis auf die Incoterms 2010 oder Hinweis auf den Lieferpapieren wird in der Regel erst nach Vertragsschluss gemacht, so dass er grundsätzlich unbeachtet ist. Es sei denn, die Vertragsgegenseite erkennt es nach Übersendung der Rechnung oder Erhalt der Lieferpapiere an. Neben wirtschaftlichen Gesichtspunkten müssen bei der Entscheidung, welche Transportart gewählt wird, auch rechtliche und faktische Möglichkeiten berücksichtigt werden. Die Auswahl der Klausel ist abhängig von der Transportart, da nicht alle Incoterms kontinuierlich verwendet werden können. Wird bei, nach dem Stichtag einer Neuauflage der Incoterms, z. B. 01.01.2011, abgeschlossenen Verträgen nur der Zusatz Incoterms ohne genaue Bezeichnung der Version aufgenommen, so gilt prinzipiell die aktuell gültige Version. Anders kann dies jedoch sein, wenn der Vertrag nicht selbst die Incoterms einbezieht, sondern dies über die beigefügten allgemeinen Geschäftsbedingungen geschieht und diese allgemeinen Geschäftsbedingungen noch aus der Zeit vor dem 01.01.2011 stammen und auf die damals gültige Fassung Bezug nehmen. Daher sollte in diesen Fällen entweder eine Klarstellung im Vertrag durch Einbeziehung der Incoterms 2010 erfolgen oder die allgemeinen Geschäftsbedingungen entsprechend angepasst werden.[22]

---

[19] *Wieske*, Transportrecht, S. 29.
[20] *Bernstorff*, Incoterms Kommentar, S. 19 Rdn. 62.
[21] *Bernstorff*, Incoterms Kommentar, S. 20 Rdn. 65.
[22] *Grau/Markwardt*, Internationale Verträge, S. 9; *Grüske*, Incoterms, S. 22; *Bernstorff*, Incoterms Kommentar, S. 20-21 Rdn. 70-71.

C. Die Klauseln der Incoterms 2010 mit Beispielen

I. Alle Transportarten

1. EXW

Der Begriff „EXW“ steht für „ex works (named place of delivery)“ bzw. “ab Werk (benannter Lieferort)”. Eine Lieferung findet statt, sobald der Verkäufer dem Käufer die Ware am Ort des Verkäufers oder an einem anderen benannten Ort, z. B. in einem Werk, einer Fabrik oder einem Lager zur Verfügung stellt. Dabei obliegt dem Verkäufer nicht die Pflicht, die Ware auf ein abholendes Transportmittel zu verladen oder sie zur Ausfuhr freizumachen. Falls der Verkäufer die Ware jedoch verlädt, tut er dies auf Gefahr und Kosten des Käufers. Aus diesem Grund ist diese Klausel mit Bedacht zu wählen.[23]

Beispiel: Eine Glasfabrik aus Düsseldorf verkauft 5 Paletten Glas in die Türkei. Der Verkäufer stellt die Ware vor der Fabrik bereit und eine durch den Käufer beauftragte Spedition holt die Ware ab. Der Fahrer parkt vor der Laderampe, öffnet die hintere Türe und zieht die Ladebrücke an den LKW. Da der Hubstapler des Fahrers kaputt ist, bittet er einen Mitarbeiter der Glasfabrik mit dem werkseigenen Stapler die Paletten zu verladen. Da die Ladebrücke verrutscht ist stolpert der Mitarbeiter und das Glas zerbricht. Der türkische Fahrer beteuert das Glas niemals berührt zu haben und es hat auch nicht die Ladefläche des LKWs gestreift. Bei „EXW“ ist der Verkäufer nur dazu verpflichtet die Ware bereitzustellen. Jede Bewegung ist Risiko des Käufers, auch wenn dieser sich einen Erfüllungsgehilfen zur Hilfe holt. In der Praxis wird die Klausel oftmals um die Beladung erweitert.[24]

2. FCA

Unter „FCA“ versteht man „free carrier (named place of delivery)“ bzw. “frei Frachtführer (benannter Lieferort)”. Diese Klausel wurde ursprünglich im Jahre 1980 für den Containerverkehr erfunden. Es ist eine sogenannte richtige Containerklausel, egal mit welchem Transportmittel er befördert wird. Der Käufer hat die sog. Transportdisposition, d. h. er bestimmt das Transportmittel und den Transportweg. Der Verkäufer liefert hierbei die Ware an einen Frachtführer oder eine andere Person, die vom Käufer benannt wird. Als Ort gilt der Standort des Verkäufers oder ein anderer benannter Ort. Dieser sollte möglichst konkret bezeichnet

---

[23] *Bernstorff*, Incoterms Kommentar, S. 80ff. Rdn. 281ff.

[24] *Grüske*, Incoterms, S. 45ff.

sein z. B. „FCA Flughafen Düsseldorf“, um Missverständnissen vorzubeugen, da an dieser Stelle die Gefahr auf den Käufer übergeht.[25]

Erläuterung: FCA wurde seit den Incoterms 2000 eindeutiger geregelt, eindeutiger, da früher eine Warenüberprüfung zum Zeitpunkt der Übergabe (Risikoübergang) nicht mehr möglich war. Jetzt ist der Risikoübergang auf den Zeitpunkt nach dem Beladen des Containers gelegt worden. Bevor der Container geschlossen wird, wird der genaue Zustand der Ware quittiert und überprüft. Ab diesem Zeitpunkt liegt das Risiko bei dem Käufer und alle Beschädigungen, die auf dem Weg zum Käufer entstehen, müssen von seiner Versicherung getragen werden. Es gibt die Möglichkeit zwischen zwei Übergabeorten zu wählen. Entscheidet sich der Käufer für die Übergabe auf dem Werksgelände, so muss das Transportmittel vom Käufer durch den Verkäufer beladen werden. Wählt er den Übergabeort außerhalb des Werkgeländes, so muss die Ware lediglich ohne Entladung dem Käufer bereitgestellt werden. Termintreue ist essenziell, da es für den Käufer aufgrund eigener Lieferverpflichtungen von großer Bedeutung sein kann.[26] Gem. §376 HGB könnte eine Fristüberschreitung zu Schadensersatz wegen Nichterfüllung führen.[27]

3. CPT

„CPT“ bedeutet „carriage paid to (named place of destination)“ bzw. „Frachtfrei (benannter Bestimmungsort)“. Der Verkäufer liefert die Ware dem Frachtführer oder einer anderen vom Verkäufer benannten Person an einen vereinbarten Ort. Der Verkäufer muss den Beförderungsvertrag abschließen und die für die Beförderung der Ware, bis zum benannten Bestimmungsort, entstehenden Frachtkosten zahlen.[28]

Erläuterung: Diese Klausel ist eine aktive Lieferbedingung und kann für alle Transportmittel eingesetzt werden, es wird ein Speditions-Beförderungsvertrag für die gesamte Strecke bis zum Bestimmungsort abgeschlossen. Sie eignet sich für den Containertransport. Der Verkäufer kümmert sich um den Spediteur und um den Haupttransport. Er belädt den Container und dokumentiert beim Verschließen die Unversehrtheit der Ware. Der Verkäufer bezahlt die Versicherungsprämie und beschafft die Transportversicherung. Jedoch ist er lediglich dazu verpflichtet die Mindestdeckung abzuschließen. Er hat ein Recht auf Zahlung nach Übergabe an den ersten Frachtführer. Nach Lieferung der Ware gehen alle Kosten und jegliche Gefahren

---

[25] *Bernstorff*, Incoterms Kommentar, S. 89ff. Rdn. 329ff.
[26] *Grüske*, Incoterms, S. 51.
[27] § 376 Abs. 1 Handelsgesetzbuch.
[28] *Bernstorff*, Incoterms Kommentar, S.100 ff. Rdn. 386ff.

auf den Käufer über. Diese Vertragsformel ist auch für den multimodalen Transport geeignet. In der Praxis werden oftmals mehrere aufeinanderfolgende Frachtführer eingesetzt. Hierbei geht die Gefahr auf den Käufer über, sobald die Ware vom ersten Frachtführer übergeben worden ist.[29]

4. CIP

Die Abkürzung „CIP“ steht für „Carriage and Insurance Paid to (named place of destination)„ bzw. „Frachtfrei versichert (benannter Bestimmungsort)“. Dies bedeutet, dass der Verkäufer die Ware dem Frachtführer oder einer anderen vom Verkäufer benannten Person an einem vereinbarten Ort liefert. Zusätzlich muss der Verkäufer den Beförderungs- und Versicherungsvertrag abschließen und für die Beförderung der Ware bis zum benannten Bestimmungsort entstehenden Frachtkosten aufkommen. Die Versicherungsdeckung muss der Mindestdeckung gem. den Klauseln C der Institute Cargo Clauses entsprechen.[30]

Erläuterung: „CIP“ ist eine Parallele zu den Klauseln „CIF“ und „CPT“. Diese Klausel entspricht, weitgehend wörtlich, CPT mit zusätzlicher Versicherungspflicht für den Exporteur. Die Versicherungsklausel wiederum entspricht der entsprechenden CIF Regelung. Der Verkäufer ist zum Abschluss eines Beförderungsvertrages, zur Exportabfertigung und zum Abschluss eines Versicherungsvertrages verpflichtet. Der Käufer trägt lediglich die Importabfertigung. Diese Klausel darf nicht bei Selbstversicherern angewandt werden, da sonst eine Doppelversicherung besteht.[31]

5. DAT

„DAT“ übersetzt „delivered at terminal (at port or place of destination)“ bzw. „Geliefert ab Terminal (benanntes Terminal im Hafen oder Bestimmungsort)“ besagt, dass der Verkäufer die Ware liefert, sobald die Ware von dem ankommenden Beförderungsmittel entladen wurde und dem Käufer an einem benannten Terminal im benannten Bestimmungshafen oder –ort zur Verfügung gestellt wird. „Terminal“ kann jeder Ort sein, unabhängig davon ob überdacht oder nicht, wie z. B. ein Kai, eine Lagerhalle oder ein Luftfrachtterminal. Der Verkäufer trägt alle Gefahren die im Zusammenhang mit der Beförderung der Ware, sowie der Entladung im Terminal am benannten Bestimmungshafen oder –ort entstehen.[32]

---

[29] *Grüske*, Incoterms, S. 74.
[30] *Bernstorff*, Incoterms Kommentar, S. 108ff. Rdn. 433ff.
[31] *Grüske*, Incoterms, S. 76.
[32] *Bernstorff*, Incoterms Kommentar, S. 116ff. Rdn. 479ff.

Beispiel: Für die Strecke Hamburg nach Russland, durch Polen, wird ein Transportvertrag abgeschlossen, da eine Ladung PKWs geliefert werden soll. Während einer Pause zwischen Polen und Russland wird der LKW gestohlen und später leer aufgefunden. Die Nachweispflicht, dass es sich um einen Diebstahl und keinen Versicherungsbetrug handelt liegt nun beim Verkäufer. Da dies nahezu unmöglich ist, wird die Versicherung für den entstandenen Schaden nicht aufkommen. Die Verantwortung liegt bei dieser Klausel beim Verkäufer, da dieser nachweispflichtig ist.[33]

6. DAP

DAP ersetzt die früheren Klauseln DES, DEQ (dafür stattdessen auch DAT), DAF und DDU. Unter „DAP" versteht man „delivered at place (named place of destination)" bzw. „Geliefert am Ort(benannter Bestimmungsort)". Dies bedeutet, dass der Verkäufer liefert, wenn die Ware dem Käufer auf dem ankommenden Beförderungsmittel entladebereit am benannten Bestimmungsort zur Verfügung gestellt wird. Der Verkäufer trägt alle Gefahren, die im Zusammenhang mit der Beförderung zum benannten Ort stehen. Aufgrund dessen sollte die Übergabestelle präzise vereinbart werden. Diese Klausel eignet sich auch für Großtransporte, bei denen der Übernahmevorgang am besten vom Empfänger organisiert werden soll. Wahlweise kann natürlich auch DAT verwendet werden.[34]

Erläuterung: Bei der Lieferterminzusage ist empfehlenswert dies mit Vorsicht zu tun. Der Verkäufer ist verpflichtet die Ware termingerecht zu liefern auch wenn auf dem Weg zum Lieferort ein Schaden auftritt. Unter Umständen kann dies unmöglich sein und eine Konventionalstrafe zur Folge haben. Die Entladekosten und die Gefahr der Entladung trägt der Käufer. Bei Luftfracht endet die Beförderung oftmals erst bei Entladung. Dennoch werden die Kosten und die Gefahr vom Käufer getragen.[35]

7. DDP

Diese Klausel ist das Pendant zu EXW. Es stellt aus der Sicht des Verkäufers die Maximalverpflichtung dar. Der Begriff „DDP" bedeutet „delivered duty paid (named place of destination) bzw. „Geliefert verzollt(benannter Bestimmungsort)". Der Verkäufer liefert, wenn er die zur Einfuhr freigemachte Ware dem Käufer auf dem ankommenden Beförderungsmittel entladebreit am benannten Bestimmungsort zur Verfügung stellt. Der Verkäufer trägt alle Kosten

---

[33] *Grüske*, Incoterms, S. 79.
[34] *Bernstorff*, Incoterms Kommentar, S. 123ff. Rdn. 517ff.
[35] *Grüske*, Incoterms, S. 81, 82.

und Gefahren, die im Zusammenhang mit der Beförderung der Ware bis zum Bestimmungsort entstehen. Des Weiteren hat er die Verpflichtung die Ware nicht nur für die Aus- als auch für die Einfuhr zu zahlen, sondern auch zusätzlich alle Zollformalitäten zu erledigen.[36]

Erläuterung: Bis auf das Entladen am Bestimmungsort werden alle Kosten und Risiken durch den Verkäufer getragen. Sie wird auch „Frei-Haus-Lieferung" genannt. Falls also z. B. ein Kran zum Abladen benötigt wird, liegen die Verantwortung und die Kosten dafür beim Käufer. DDP entspricht inhaltlich DAP plus Zoll- und Steuerabwicklung, DDP Paris bedeutet z. B, dass die französische Mehrwertsteuer entrichtet wird. Wenn die Mehrwertsteuer im Importland durch den Verkäufer bezahlt wird, können im Inland weder Käufer noch Verkäufer diese als Vorsteuer geltend machen. Es ist möglich innerhalb des Binnenmarktes DDP zu liefern. Der Verkäufer im Ausland benötigt die Steuer-Identifikations-Nummer des deutschen Kunden, damit er mehrwertsteuerfrei liefern kann. Für den Käufer entsteht dann eine nationale Steuerschuld (Erwerbssteuer).[37]

II. See- und Binnenschiffahrtstransport

1. FAS

„FAS" steht für „free alongside ship (named port of shipment)" bzw. „Frei Längsseite Schiff (benannter Verschiffungshafen)". Der Verkäufer liefert, wenn die Ware längsseits des Schiffes (z. B. an einer Kaianlage oder auf einem Binnenschiff) in den benannten Verschiffungshafen gebracht ist. Die Gefahr des Verlustes oder der Beschädigung der Ware geht über, wenn sich die Ware längsseits des Schiffes befindet. Der Käufer trägt ab dem Zeitpunkt alle Kosten.[38]

Erläuterung: Der Verkäufer muss zusätzlich zum Verschiffungshafen, z. B. Hamburg, den genauen Ankunftszeitpunkt und den Anlege-Kai dem Käufer mitteilen. Damit die Lieferung vollständig vollzogen ist, muss die Lieferung am besagten Kai abgeladen und bereitgestellt werden, damit die Ware unverzüglich übergeben werden kann. Der Verkäufer ist seit 2000 für die Exportabfertigung verantwortlich. Bis 2000 schuldete der Verkäufer keine exportfreie Ware.[39]

---

[36] *Bernstorff*, Incoterms Kommentar, S. 129ff. Rdn. 552ff.
[37] *Grüske*, Incoterms, S. 54.
[38] *Bernstorff*, Incoterms Kommentar, S. 136ff. Rdn. 588ff.
[39] *Grüske*, Incoterms, S. 58.

2. FOB

FOB ist eine klassische Lieferklausel im Schiffsverkehr; für den Container-Verkehr ist FCA geeigneter. FOB ist neben CIF wohl die allg. bekannteste, wenn auch nicht die am meisten verwendete Klausel. Der Begriff „FOB“ ausformuliert „Free on board (named port of shipment)“ bzw. „Frei an Bord (benannter Verschiffungshafen)“ bedeutet, dass der Verkäufer die Ware an Bord des vom Käufer benannten Schiffes im benannten Verschiffungshafen liefert oder die bereits so gelieferte Ware verschafft. Die Gefahr des Verlustes oder der Beschädigung der Ware geht über, wenn die Ware an Bord des Schiffes ist. Ab diesem Zeitpunkt trägt der Käufer alle Kosten.[40]

Erläuterung: Diese Klausel wird häufig falsch angewendet. Der Risikoübergang ist vollzogen, wenn die Ware an Bord des Schiffes (free on board) ist. Im Sprachgebrauch wird „an Bord“ auch mit anderen Dingen in Verbindung gebracht wie, z. B. das Bordrestaurant im Zug, Bordcase im Flugzeug, „Baby an Bord“ in einem Auto. Bei falscher Anwendung, beispielsweise beim Transport im Flugzeug anstatt per Schiff, kann ein „Versicherungsfreier Raum“ entstehen. Dieser führt zu einem Total-Verlust. FOB-Verträge werden oft im Importland vorgeschrieben, um Speditions- und Versicherungsaufträge für eigene Unternehmen zu sichern und Devisen zu sparen, da nationale Transporteure und Versicherungen in Inlandswährung bezahlt werden können.[41]

3. CFR

Die Abkürzung „CFR“ steht für „Cost and freight (named port of destination)“ bzw. „Kosten und Fracht (benannter Bestimmungshafen)“. Wie bei „FOB“ liefert der Verkäufer die Ware an Bord des Schiffes oder verschafft die bereits gelieferte Ware. Die Gefahr des Verlustes oder der Beschädigung der Ware geht über, wenn die Ware an Bord des Schiffes ist. Der Verkäufer hat den Beförderungsvertrag abzuschließen und die Kosten der Fracht zu tragen, die für die Beförderung der Ware zum benannten Bestimmungshafen erforderlich sind.[42]

Erläuterung: Bei dieser Klausel müssen 5 wichtige Punkte beachtet werden:

1. Der benannte Ort ist ein Bestimmungshafen. Es muss genau erläutert werden wann und wo das Schiff ankommt.

2. Die Ware gilt als geliefert und der Verkäufer hat das Recht auf Zahlung, wenn die Ware an Bord des Schiffes ist.

---

[40] *Bernstorff*, Incoterms Kommentar, S. 143ff. Rdn. 624ff.

[41] *Grüske*, Incoterms, S. 41ff.

[42] *Bernstorff*, Incoterms Kommentar, S. 151ff. Rnd. 661ff.

3. Der Verkäufer legt die Kosten bis zum Ankunftshafen aus.
4. Der Transportvertrag wird vom Verkäufer abgeschlossen.
5. Der Käufer muss ab Ankunft der Ware bis zu ihrem Endstandort eine eigene Transportversicherung abschließen.[43]

Beispiel: Ein Verkäufer soll die Ware von Düsseldorf nach Australien liefern. Er bringt seine Ware von Düsseldorf nach Hamburg und hat einen Transportvertrag bis Sydney mit der Reederei abgeschlossen. In Hamburg wird die Ware an Bord des Schiffes gebracht, nachdem er alle Ausfuhrformalitäten erledigt hat. Die Lieferung ist somit vollzogen. Nun liegt das Risiko nicht mehr beim Verkäufer.[44]

4. CIF

CIF ist eine klassische Seefrachtklausel. CIF erweitern die CFR-Verpflichtungen des Verkäufers. „CIF“ steht für „Cost, Insurance, Freight (named port of destination)“ bzw. „Kosten, Versicherung, Fracht (benannter Bestimmungshafen). Es müssen alle Voraussetzungen wie bei „CFR“ vorliegen. Zusätzlich muss die Versicherungsdeckung der Mindestdeckung gem. den Klauseln C der Institute Cargo Clauses entsprechen. CIF entspricht also in etwa FOB plus reguläre Fracht- plus Versicherungskosten bis zum Bestimmungsort.[45]

Erläuterung: Wenn die Warenlieferung bis zum Bestimmungsort zusätzlich zur bezahlten Seefracht versichert werden soll, muss diese Klausel vereinbart werden. Der Verkäufer sollte zwei Transportversicherungen abschließen, eine für sich selbst, vom Werk bis zur Lieferung an Bord und die zweite im Namen des Käufers ab Beladung des Schiffes. Diese Vertragsformel kann nur für den See- und Binnenschiffstransport verwendet werden. Falls die Parteien nicht beabsichtigen die Ware nicht an Bord eines Schiffs zu liefern, sollte die CIP-Klausel verwendet werden. Die ist auf alle Transportmittel anwendbar ist.[46]

---

[43] *Grüske*, Incoterms, S. 62-63.
[44] *Grüske*, Incoterms, S. 65.
[45] *Bernstorff*, Incoterms Kommentar, S. 158ff. Rdn. 697ff.
[46] *Grüske*, Incoterms, S. 69.

D. Fazit und Ausblick

Das Ziel der vorliegenden Arbeit war es, die Incoterms 2010 vorzustellen und mit anschaulichen Beispielen zu untermauern. Dabei konnte herausgearbeitet werden, dass die Incoterms weder nach der Rechtsquellenlehre die Qualität als Rechtsnorm erfüllen, noch dem Gewohnheitsrecht entsprechen. Vielmehr ergänzen und konkretisieren die internationalen Handelsklauseln die Rechte und Pflichten der Vertragsparteien im Gegensatz zum alleinigen Einsatz des UN-Kaufrechts. Durch ihre knappe und prägnante Ausdrucksform gelangt der Kaufmann bzw. der Unternehmer zu einer Rechtssicherheit, die ihm Nutzen und Risiko verdeutlicht und ihn vor möglichen Benachteiligungen bewahrt. Im Zweifel können Gerichte mithilfe der AGB-Kontrolle regelnd eingreifen, müssen dabei jedoch die besonderen Bedürfnisse nach Flexibilität und geschäftlicher Erfahrung berücksichtigen.

Ihrer Natur nach bringen die Incoterms den großen Vorteil mit, dass sie schnell und flexibel an Veränderungen im Transportwesen angepasst werden können und damit den Anforderungen der Vertragsparteien gerecht werden. Während internationale Konventionen oder völkerrechtliche Übereinkommen zunächst auf Konferenzen diskutiert und daraufhin langwierige Ratifikationsverfahren in den Vertragsstaaten durchlaufen müssen, stützen sich die Incoterms lediglich auf den ICC und unterliegen somit einem geringeren bürokratischen Aufwand. Darüber hinaus ist es dem ICC gelungen, durch Unabhängigkeit, jahrzehntelange Erfahrung sowie konsequentes Vorgehen eine Gleichförmigkeit zu schaffen, die echte Rechtsnormen nicht erreicht haben. Und das, obwohl der ICC keinem rechtlichen Zwang unterliegt.

Die bereits im Vorwort erwähnte Globalisierung und der wachsende grenzüberschreitende Warenverkehr haben dafür gesorgt, dass die Incoterms und die damit einhergehende Erleichterung bei der Vertragsgestaltung fester Bestandteil internationaler Kaufverträge geworden sind und sich weltweit durchgesetzt haben. Es wäre überaus wünschenswert, wenn sich in Zukunft ein weltweites Wirtschaftsvertragsrecht entwickeln würde, das Lücken und Defizite aktueller Rechtsnormen ausgleicht und dennoch ausreichend Flexibilität für nötige Anpassungen bietet.[47]

---

[47] *Weick*, ZJA (5) S. 589-590.

LITERATURVERZEICHNIS

Amtsblatt der Europäischen Union: VERORDNUNG (EG) Nr. 593/2008 DES EUROPÄISCHEN PARLAMENTS UND DES RATES vom 17. Juni 2008 über das auf vertragliche Schuldverhältnisse anzuwendende Recht (Rom I) 04.07.2008, S. L177/6.

Bernstorff, Christoph von (2012): Incoterms 2010 der Internationalen Handelskammer (ICC). Kommentierung für die Praxis inklusive offiziellem Regelwerk ; deutsch-englische Ausgabe ; mit CD-ROM. 2. Aufl. mit erw. und aktualisierter Kommentierung. Köln: Bundesanzeiger-Verl (Unternehmen und Wirtschaft).

Bredow, Jens; Seiffert, Bodo (2000): Incoterms 2000. Kommentar. Bonn: Economica-Verl. (Internationale Wirtschaftspraxis).

Gildeggen, Rainer; Willburger, Andreas (2005): Internationale Handelsgeschäfte. Eine Einführung in das Recht des grenzüberschreitenden Handels. 2., überarb. Aufl. München: Vahlen (Deutsches und internationales Wirtschaftsrecht).

Grau, Carsten; Markwardt, Karsten (2011): Internationale Verträge. Berlin, Heidelberg: Springer-Verlag Berlin Heidelberg (SpringerLink : Bücher).

Grüske, Werner (2010): INCOTERMS® 2010 - Praxishandbuch. Praxis-Know-how für Anwender zum offiziellen Regelwerk der INCOTERMS® 2010. 1 verbl. Aufl. 2010. Torgau: TANGENS Verlag.

Hopt, Klaus J.; Baumbach, Adolf (2012): Handelsgesetzbuch. Mit GmbH & Co., Handelsklauseln, Bank- und Börsenrecht, Transportrecht (ohne Seerecht). 35., neubearb. Aufl. München: Beck, C H (Beck'sche Kurz-Kommentare, Bd. 9).

ICC Deutschland e.V. (2010): Incoterms® 2010. Berlin: ICC Deutschland e.V.

Koether, Reinhard (2012): Distributionslogistik. Effiziente Absicherung der Lieferfähigkeit. Wiesbaden: Gabler Verlag (SpringerLink : Bücher).

Kropholler, Jan; Neuhaus, Paul Heinrich (2006): Internationales Privatrecht. Einschliesslich der Grundbegriffe des internationalen Zivilverfahrensrechts. 6., neubearbeitete Aufl. Tübingen: Mohr Siebeck.

Lehr, Wolfgang (2000): Die neuen Incoterms 2000. In: Versicherungsrecht (51), S. 548–557.

Lenz, Tobias (2012): Die Rechtsabteilung. Der Syndikus und Steuerberater im Unternehmen. Wiesbaden: Gabler Verlag.

Pfeiffer (2008): Neues Internationales Vertragsrecht - Zur ROM I-Verordnung. In: EuZW (20), S. 622–629.

Piltz, Burghard (2001): UN-Kaufrecht. Gestaltung vin Export- und Importverträgen. 3. Aufl. Heidelberg.

Schackmar, Rainer (2001): Die Lieferpflicht des Verkäufers in internationalen Kaufverträgen. UN-Kaufrecht und INCOTERMS. Berlin: Erich Schmidt.

Weick, Günter (2012): Incoterms 2010 - Ein Beispiel für die "neue lex maercatoria". In: ZJA (5), S. 584–592.

Wieske, Thomas (2012): Transportrecht - schnell erfasst. 3. Aufl. Heidelberg: Springer (Recht - schnell erfasst).

Jan Buck

Alexander Kuprin "Das Duell" - Vorstellung des Romans und Untersuchung seiner zentralen Motive

GRIN Verlag

Bibliografische Information der Deutschen Nationalbibliothek:

Die Deutsche Bibliothek verzeichnet diese Publikation in der Deutschen Nationalbibliografie; detaillierte bibliografische Daten sind im Internet über http://dnb.d-nb.de/ abrufbar.

Impressum:

Druck und Bindung: Books on Demand GmbH, Norderstedt Germany
ISBN: 978-3-656-32574-1

Justus-Liebig-Universität Gießen

Alexander Kuprin: Das Duell

Wissenschaftliche Hausarbeit

für das Seminar

„Das Duell in Literatur und Kultur“

Jan Buck

5. Sem. (Drama, Theater, Medien)

INHALTSVERZEICHNIS

1. Einleitung

Der Roman „Das Duell" erzählt vom wachsenden Missfallen des Helden für das Leben in der russischen Armee und seiner langsamen Erkenntnis, dass er ein einzigartiges individuelles Wesen ist. Aber bevor er die Armee verlassen oder gemäß seiner Erkenntnis handeln kann, wird er vom Ehrgericht des Regiments zur Austragung eines Duells verurteilt und in diesem vom Ehemann der Frau, die er liebt, erschossen.

In dieser Arbeit soll nach einer kurzen Biographie des Autors der Roman vorgestellt werden und drei seiner zentralen Motive entschlüsselt werden: Die Theorie des Individualismus, der Zustand des russischen Militärs und das Motiv des Duells. Anschließend soll auf das ungewöhnliche Zustandekommen des Duells am Ende des Romans eingegangen werden. Dabei soll am Beispiel Preußens untersucht werden, ob die gerichtliche Verurteilung zum Duellieren eine übliche Praxis im Europa des 19. Jahrhunderts darstellt.

2. Der Autor Alexander Kuprin

Alexander Iwanowitsch Kuprin wurde 1870 als einziger Sohn einer armen Familie in Narowtschat, Südrussland geboren. Sein Vater, ein niedriger Beamter stirbt mit 37 Jahren, als Alexander gerade ein Jahr alt ist. Kuprins Mutter, die von altem tatarischem Adel abstammte, war literarisch und poetisch interessiert. Zwei Jahre nach dem Tod des Vaters ziehen sie zu zweit nach Moskau, wo sie einen Platz in einem Witwenheim finden. Kuprin verbringt die kommenden 15 Jahre in Institutionen in Moskau: Zunächst im Witwenheim, später in einem Internat und schließlich ab 1880 in einer Moskauer Militärhochschule. Kuprin wird später seine Kindheit als sehr unglückliche Jahre bezeichnen. Er litt unter dem alltäglichen und akzeptierten Gebrauch von brutaler Züchtigung in den Institutionen. 1888 wird Kuprin in die Alexander-Militärakademie aufgenommen, wo er eine zweijährige Offiziersausbildung für die Infanterie durchläuft. Danach wird er als Unterleutnant zum 46. Dnjepr-Infanterieregiment in Proskurow in der westlichen Ukraine versetzt. Kuprin erlebt den Alltag dort als außerordentlich nervtötend und frei von kulturellen Entfaltungsmöglichkeiten. Nach zwei Jahren beendet er seinen Militärdienst und zieht zunächst als Journalist nach Kiew. Von hier an schlägt er sich mit den verschiedensten Arbeiten durchs Leben: Er ist Gerichtsdiener, Jäger, Fischer, Schauspieler, Souffleur, Forstinspektor oder Zahntechniker. Währenddessen ist er aber auch immer weiter als Schriftsteller, Journalist oder Publizist tätig, zunächst in Kiew, später in St. Petersburg.

1905 erscheint nach jahrelanger Arbeit „Das Duell", an dessen Fertigstellung Kuprins Freund Maxim Gorki großen Anteil hatte. Kuprin verarbeitet in diesem Roman auch sein eigenes Militärleben. „Das Duell" ist ein enormer kommerzieller Erfolg: Innerhalb eines Jahres nach Erscheinen werden über 40.000 Exemplare verkauft.

Nach der russischen Revolution wandert Kuprin mit Frau und Tochter nach Helsinki aus und schließlich nach Paris. Dort erlebt er schwere Jahre; sein schmales Einkommen aus der Schriftstellerei reicht nicht wirklich zum Leben und so entschließen sich Kuprin und seine Frau 1937 schließlich zur Rückkehr nach Leningrad, eine Entscheidung, die von der sowjetischen Führung zu Propagandazwecken genutzt wird. Kurze Zeit darauf stirbt Kuprin 1938 an Krebs. Zu weiteren bekannten Werken von ihm zählen „Die Heirat", „Das Granatarmband" oder „Der Graben".

3. Inhalt

Die Hauptperson des Romans ist Leutnant Juri Romaschow. Er ist ein junger, schüchterner Leutnant, der erst seit 18 Monaten in der Armee dient. Hatte er zu Beginn seines Dienstes noch gute Vorsätze, seine freien Zeit zwischen Drill und Exerzieren zum Studium von Wissenschaften und Sprachen zu nutzen, so hat er diese inzwischen fallengelassen und sich dem allgemeinen Leben im Militär angepasst: Er trinkt zusammen mit den anderen Offizieren im Kasino und hat eine Affäre mit Raissa Peterson, der Frau eines anderen Offiziers, der er aber zum Zeitpunkt des Einsetzens der Romanhandlung schon überdrüssig geworden ist, so dass es ihm als ein „schmutziges und ödes Verhältnis"[1] erscheint. Sein Leben erscheint grau, trist, dumpf; er hat fast aufgehört zu denken.

Im Gegensatz zu anderen Offizieren ist er sich seiner Degenerierung aber durchaus bewusst, jedoch zieht er (noch) keine Konsequenzen aus dieser Erkenntnis.

Romaschows einziger Lichtblick sind seine regelmäßigen Besuche bei den Nikolajews. Wladimir Nikolajew ist Oberleutnant und arbeitet seit Jahren daran in die Akademie aufgenommen zu werden. In seine Frau, Alexandra Nikolajewa, die von allen Schurotschka genannt wird, ist Romaschow heimlich verliebt.

---

[1] Kuprin 1956, S. 39.

Schurotschka wird von Kuprin zunächst als ganz anders als die übrigen Regimentsdamen beschrieben: Sie ist intelligent, gefühlvoll, scharfsinnig, taktvoll und charmant. Romaschow ziehen diese Charakterzüge an, wie das „saubere, helle Haus“[2] in dem er die Nikolajews aufsucht, diese „friedlichen, fröhlichen Leute“[3]. Gleichzeitig wird er durch sie seiner eigenen Degeneriertheit umso bewusster und hat bei jedem seiner Besuche ein solch schlechtes Gewissen, dass er sich schwört, niemals wieder zu kommen.

Eines Tages ergreift Romaschow während einer Übung Partei für einen Tataren, der einen Befehl des Oberst Schuljgowitsch nicht versteht und erhält daraufhin „wegen Disziplinlosigkeit“[4] vier Tage Hausarrest. Als er den Arrest bald darauf antritt, ist dies die erste Zeit, die er seit seinem Dienstantritt vor 18 Monaten mit sich allein verbringt. „Wenn er früher einmal gelegentlich eine freie, durch nichts ausgefüllte Stunde gehabt hatte, war er stets, von Langeweile geplagt, wie aus Furcht vor sich selbst schnell ins Kasino gelaufen (...) was dann stets mit einer Kneiperei endete.“[5] Diesmal jedoch ist ihm die Möglichkeit der Flucht verstellt und „allerlei seltsame, unbequeme und unnötige Gedanken drangen auf ihn ein.“[6]

Er erinnert sich beispielsweise daran, wie seine Mutter ihn in seiner Kindheit bestrafte, indem sie „eins seiner Beine mit einem dünnen Faden ans Bett band und selbst ausging“[7] Der Faden stellte für den kleinen Juri kein Hindernis dar, genauso wie für den erwachsenen Romaschow seine eigene Barackentür kein Hindernis ist. Was beide an ihrem Ort gefangen hält, ist „Hypnose, eine Art abergläubische Angst vor der unfassbaren Macht der Erwachsenen, etwas wie das ehrfurchtsvolle Grauen des Wilden vor dem Zauberkreis des Schamanen.“[8] Über die Beobachtung, was ihn bindet, findet Romaschow in Gedanken zu der Begegnung mit seinem eigenen Ich: „Ich sitze hier, durch den Faden gefesselt. (...) Ich. Das bin doch – Ich!“[9] Er wird seiner eigenen Individualität bewusst und kommt sehr bald zu einer Erkenntnis, die dem Geist des Militärs diametral zu widersprechen scheint: Der Individualität jedes Einzelnen. Alle seine Untergebenen, die er bisher nur als graue Masse wahrgenommen hatte, haben eigene Ichs. Ichs, im Militärdienst eingezwängt, von Vorgesetzten erniedrigt, wie Romaschows eigenes, über das er nun denkt: „Warum hat sich denn mein Ich diesen Schemen untergeord-

2 Ebd., S. 37.

3 Ebd.

4 Ebd., S. 22.

5 Ebd., S. 82.

6 Ebd.

7 Ebd., S. 83.

8 Ebd., S. 84.

9 Ebd.

net?“[10] Was würde wohl passieren, wenn all diese Ichs den Gehorsam verweigerten, sich nicht länger herumkommandieren ließen, so fragt sich Romaschow und findet die Antwort: „Dann wird doch gleich ein Krieg undenkbar“[11].

Ohne weitere Konsequenzen aus seinen Erkenntnissen zu ziehen, wie etwa den Dienst zu quittieren, sitzt Romaschow den übrigen Arrest ab und gewöhnt sich bald wieder an das übliche Offiziersleben. Kurze Zeit darauf steht ein Tanzabend im Offizierskasino an. Raissa Peterson hatte Romaschow brieflich zu einem Tanz eingeladen und keine Antwort darauf erhalten. Im Verlauf des Abends begegnen sich die beiden und es kommt zu einer Aussprache über das Verhältnis zwischen ihnen, die einen hässlichen Verlauf nimmt. Raissa war Romaschows Interesse an Schurotschka nicht entgangen und sie deutet an, dass auch in Offizierskreisen über die beiden geredet wird. Weil Romaschow sein Verhältnis mit Raissa beenden will, droht sie ihm: „Ich werde diesem Nikolajew schon die Augen öffnen“[12].

Wenige Tage später kommt es zu einer ersten Konsequenz aus Romaschows Erkenntnis der Individualität der Soldaten: Bei einem Drillübung schafft es der Soldat Chlebnikow nicht, eine schräge Leiter zu erklettern. Chlebnikow – von dem sich Romaschow fragt, wie man „dieses jammervolle, kraftlose Menschenkind“[13], dessen Anblick in ihm „Wehmut und Gewissensbisse“[14] erzeugte, überhaupt zum Militärdienst einziehen konnte – wird vom Unteroffizier Schapowalenko rücksichtslos angeschrieen. Als Chlebnikows Kräfte am Ende sind und er von der Leiter fällt, macht der Unteroffizier Anstalten, ihn zu schlagen. Romaschow, „erregt vor Scham und Zorn“[15] schreitet ein: „Schapowalenko, nicht schlagen! (...) Das darfst du niemals tun!“[16] Diese ablehnende Haltung gegenüber der allgegenwärtigen Gewalt im Militär festigt sich in Romaschow, so dass er kurz darauf sogar dem Kompaniechef, Hauptmann Sliwa, droht, ihn dem Regimentskommandeur zu melden, sollte er einen Soldaten schlagen.

Zu einem entscheidenden Wendepunkt im Verhältnis zwischen Romaschow und Schurotschka kommt es bei einem Picknick anlässlich ihres gemeinsamen Namenstags. Schurotschka veranstaltet eine Landpartie mit Picknick, zu der auch Romaschow, sowie viele andere Offiziere samt deren Frauen geladen sind. Im Verlauf des Picknicks flirten Romaschow und Schurotschka miteinander und während eines Versteckspiels verschwindet Romaschow allei-

---

10 Ebd., S. 87.

11 Ebd., S. 88.

12 Ebd., S. 128.

13 Ebd., S. 144.

14 Ebd. S. 145.

15 Ebd.

16 Ebd.

ne im Wald. Als er bemerkt, dass Schurotschka ihm nachgegangen war „stürzte er ihr entgegen und schloss sie, ohne ein Wort zu sagen, in seine Arme."[17] Sie unterhalten sich und Schurotschka gesteht ihm, „heute in (ihn) verliebt"[18] zu sein. Auch Romaschow gesteht ihr seine Gefühle. Jedoch ist Schurotschka zwiegespalten: „Mich erregt Ihre Nähe, jede Berührung von Ihnen. Aber warum sind Sie so bemitleidenswert! (...) ich kann Sie nicht achten. (...) Wenn Sie sich einen Namen machen, sich eine angesehene Stellung erkämpfen könnten..."[19] Außerdem berichtet sie ihm von anonymen Briefen, die ihr Mann erhält und bittet Romaschow, sie nicht weiter zu besuchen. Romaschow aber möchte nicht aufgeben und bietet Schurotschka an, seine Karriere von nun an ehrgeizig zu verfolgen: „Wenn ich das erreiche, was dein Mann will, oder vielleicht noch mehr? Dann?"[20] Ihre Antwort ist eindeutig: „Dann – ja! Ja, ja, ja!"[21]

Einige Monate darauf findet die große Maiparade des Regiments statt. Die Vorbereitung darauf war diesmal von allen besonders ernst genommen worden, denn der kommandierende General sollte die Truppenbesichtigung vornehmen.

Während der Parade ist der Inspekteur entsetzt ob des erbärmlichen Zustands der Soldaten: „Die Erschöpfung und die Verschüchterung der Soldaten, die sinnlose Grausamkeit der Unteroffiziere, das unbeteiligte, rein mechanische, pflichtvergessene Verhalten der Offiziere zum Dienst, das alles trat bei der Besichtigung klar und beschämend zutage."[22]

Trotzdem wird Romaschow in dieser Szene von der Entindividualisierungsmaschinerie des Militärs wieder völlig eingenommen. Angesichts der beeindruckenden Militärparade fühlt sich Romaschow „mit einem Schlage jung, stark, gewandt und stolz in dem Bewusstsein, dass auch er zu dieser fest geschlossenen, unbeweglichen, mächtigen Menschenmasse gehörte, die geheimnisvoll durch einen unsichtbaren Willen zusammengeschweißt wurde."[23] Durch diese Begeisterung verliert Romaschow die Konzentration, lässt sich ablenken, führt seine Abteilung des Zuges weg vom vorgeschriebenen Paradeweg und zerstört dadurch den reibungslosen Ablauf der Parade.

Dadurch zieht er sich den Zorn des gesamten Regiments auf sich und es wird ihm nahe gelegt, sich versetzen zu lassen. Romaschow ist verzweifelt und denkt sogar an Selbstmord – aller-

---

17 Ebd., S. 190.

18 Ebd., S. 191.

19 Ebd., S. 195.

20 Ebd., S. 199.

21 Ebd.

22 Ebd., S. 212.

23 Ebd., S. 208f.

dings nicht ernsthaft, denn all seine Gedanken kreisen nur um die Reaktionen der Offiziere beim Fund seiner Leiche und deren Reue ob ihres ungerechten Verhaltens ihm gegenüber.
Bevor Romaschow irgendwelche Konsequenzen aus der veränderten Situation ziehen kann, erschüttert die Nachricht vom Suizid eines Soldaten die Stabilität des Regiments. Eine Serie von Saufgelagen wird ausgelöst, an denen auch Romaschow teilnimmt. Während eines Gelages beschimpft ein Offizier den Selbstmörder in einem Lied. Romaschow beschwert sich und löst ein Handgemenge aus, in dessen Verlauf Oberstleutnant Nikolajew Romaschow verbal angreift: „Selbst haben Sie dem Regiment Schande gemacht!“[24] Er bedroht ihn mit der erhobenen Faust, worauf Romaschow ihm den Inhalt seines Bierglases ins Gesicht kippt. Eine Prügelei beginnt und nach kurzer Zeit werden beide ohne ernsthafte Verletzungen voneinander getrennt. Romaschow kann noch mit letzter Kraft krächzen: „Ich fordere ihn!“[25]
Am nächsten Tag werden Romaschow und Nikolajew vor das Ehrgericht des Regiments geladen. Heimlich einigen sich beide darüber, vor Gericht weder Schurotschka noch die anonymen Briefe zu erwähnen.
Das Ehrgericht entscheidet nach der Anhörung der beiden, „dass in Anbetracht der Schwere der gegenseitigen Beleidigungen der Streit der beiden Offiziere nicht durch einen Vertrag beigelegt werden kann, sondern dass ein Duell die einzige Möglichkeit zur Wiederherstellung der verletzten Ehre und Offizierswürde darstellt.“[26] Das Gericht betont aber, dass es beiden zusteht, das Duell abzulehnen und den Offiziersdienst zu quittieren.
Auf der Suche nach einem „ihm nahe stehenden Menschen, einen teilnahmsvollen Freund, der ihn feinfühlig mit liebevollen Herzen verstehen konnte (…) fiel ihm plötzlich Nasanski ein.“[27]
Nasanski ist Offizier im gleichen Regiment und ein enger Freund Romaschows. An diesem Abend besucht Romaschow Nasanski und berichtet ihn vom Ausgang des Ehrgerichtsverfahrens. Die beiden fahren gemeinsam mit einem Boot auf den Fluss hinaus und unterhalten sich. Nasanski drückt dabei in einem seitenlangen Monolog durchdachte Meinungen über Themen aus, die Romaschow im Verlauf des Romans nur angedacht hat: Über die Verkommenheit der Offiziere, die Brutalität im Militär und insbesondere Romaschows Erkenntnis vom Individuum im Militärdienst, die Nasanski konsequent zu Ende gedacht hat und eine kohärente aufs Leben anwendbare Theorie entwickelt hat:

> Bisher haben uns die alten verkalkten Pauker von den ersten Schultagen an immer dasselbe eingebläut: „Liebe deinen Nächsten wie dich

---

24 Ebd., S. 273.

25 Ebd. S. 274.

26 Ebd., S. 283.

27 Ebd., S. 284.

> selbst und sei dessen eingedenk, dass Demut, Gehorsam und Ehrfurcht die höchsten Tugenden des Menschen sind! (...) Ich habe das nie begreifen können. Wer kann mir wirklich überzeugend nachweisen, was mich mit diesem – der Teufel soll ihn holen – meinem Nächsten verbindet, mit einem jämmerlichen Sklaven, (...) einem Idioten! (...) Ich behaupte also, die Liebe zur Menschheit ist vergangen (...). An ihre Stelle aber tritt eine neue, göttliche Religion, die bis zum Ende der Welt bestehen bleibt. Das ist die Liebe zu sich selbst, zum eigenen wundervollen Körper, zum eigenen allmächtigen Verstande (...). Wer steht Ihnen näher, ist Ihnen mehr wert als sie selbst? Niemand. Sie sind der Herr der Welt (...). Machen Sie, was Sie wollen. Nehmen Sie sich, was Ihnen gefällt. Fürchten Sie niemand auf der ganzen Welt, denn niemand ist über Ihnen, niemand ist Ihnen gleich. (...) Es kommt eine Zeit, wo der hohe Glaube an das eigene Ich auf den Häupter aller aufleuchten wird (...). Dann werden die Menschen Götter sein. Und (...) wie soll ich es da wagen, einen Menschen zu beleidigen, zu unterdrücken, zu betrügen, einen Menschen, in dem ich gleich mir einen Lichten Gott sehe?[28]

Sein Rat an Romaschow lautet daher, sich nicht zu duellieren, sondern den Dienst zu quittieren, denn das Leben hat mehr zu bieten als den dumpfen Militärdienst. Romaschow ist von Nasanskis Äußerungen beeindruckt und beschließt, das Duell abzusagen.

In der Nacht vor dem Duell besucht Schurotschka Romaschow. Sie ist verzweifelt und erzählt ihm von ihrem Dilemma: Sie möchte nicht für immer in der Regimentsstadt festsitzen, sondern träumt von einem mondänen Leben in der Großstadt. Daher ist sie darauf angewiesen, dass ihr Mann Karriere macht und die Aufnahme in die Akademie schafft. Falls Nikolajew beim Duell getötet werden oder er von der Akademieprüfung wegen Ehrlosigkeit ausgeschlossen werden sollte, werde sie die Stadt verlassen und Romaschow werde sie nie wieder sehen, so Schurotschka.

Romaschow will sie beruhigen und bietet ihr – trotz seines längst gefassten Entschlusses – an, das Duell abzusagen, doch Schurotschka möchte das nicht: „(...) an einem Duell, das durch einen Vertrag erledigt wird, bleibt immer irgend etwas hängen... (...) mein Mann (wird) in diesem Fall höchstwahrscheinlich nicht zur Prüfung zugelassen (werden). Der Ruf eines Generalstäblers muss ohne Makel sein. (...) Ihr müsst euch unbedingt morgen schießen.“[29] Sie bittet ihn jedoch, vorbei zu schießen und versichert ihm, dass sie auch ihren Mann in den Plan eingeweiht habe.

Romaschow willigt um ihretwillen ein und Schurotschka bricht auf, besinnt sich dann jedoch eines anderen und schläft mit Romaschow – im Bewusstsein, dass sie ihn nie wieder sehen wird.

---

[28] Ebd., S. 298.

[29] Ebd., S. 308f.

Das letzte Kapitel besteht zur Gänze aus einem einseitigen Rapport von Stabshauptmann Dietz an den Regimentskommandeur und enthüllt, dass Schurotschka ihrem Mann keineswegs geboten hatte, vorbeizuschießen. In dem Bericht wird nüchtern der Verlauf des Duells wiedergegeben, in dem Nikolajew den ersten und einzigen Schuss abfeuerte und dabei Romaschow verwundete. Nach Beendigung des Duells wurde Romaschow in eine bereitstehende Kutsche getragen, fiel laut Rapport „in eine tiefe Ohnmacht und verschied nach sieben Minuten an einer inneren Verblutung.“[30]

4. Literarische Motive

In Kuprins Roman finden sich drei literarische Motive, die genauere Betrachtung verdienen. Zum einen ist dies die von Romaschows Freund Nasanski geäußerte Individualismustheorie, der durch ihre Länge und ihre Platzierung unmittelbar vor den Schlussgeschehnissen schon formal besondere Bedeutung zukommt. Ein weiteres zentrales Thema von „Das Duell“ ist die Beschreibung des Militärlebens, das Kuprin aus eigener Erfahrung kennt, insbesondere die alltägliche Grausamkeit und Brutalität und der Zustand der Offizierskaste. Zuletzt soll noch das Titel gebende Duell in seinem Zustandekommen und seiner Durchführung sowie die über die Geschichte verstreuten Äußerungen und Ansichten der Figuren über Duelle im Allgemeinen untersucht werden.

4.1. Nasanski und seine Theorie des Individuellen Anarchismus

Die Figur Nasanski ist eine recht eigentümliche: Für den Verlauf der Handlung des Romans spielt sie bis zum 21. Kapitel keinerlei Rolle, obwohl Nasanski wohl Romaschows engster Freund ist. Sein Auftauchen ist auf zwei Stellen der Geschichte begrenzt, ist jedoch beide Male recht umfangreich: Er hält dabei seitenlange Monologe, denen Romaschow lauscht und dadurch beeinflusst wird.

Kuprins Freund Batjuschkow stellt in seinen Memoiren die Behauptung auf, dass Nasanski und Romaschow gegensätzliche Seiten des Autors repräsentieren.[31] Während Romaschow viel mit dem jungen Kuprin gemein hat – so ist er eher sanft und willensschwach – zeigt Nasanski Kuprins älteres Selbst: Weiser, aber auch vom Leben gezeichnet.

---

30 Ebd., S. 312.

31 Vgl. Luker 1978.

Der interessantere der beiden Monologe Nasanskis ist der in Kapitel 21, in dem er Romaschow in einem 16-seitigen Monolog seine bereits früher beschriebene individualanarchistische Theorie eröffnet. Luker weist auf einen Artikel von Gareth Williams hin, in dem detailliert beschrieben wird, wie ähnlich Nasanskis Theorie den Ansichten des deutschen Philosophen Max Stirner ist.[32] So lehnt auch Stirner in seinem 1844 erschienenen Buch „Der Einzige und sein Eigentum" das Konzept „Nächstenliebe" ab und beschreibt das eigene Selbst als die einzige Handlungsmotivation, die Selbstbehauptung als treibende Kraft. Laut Stirner ist das Leben schön, wenn man nur tut, was einem gefällt.[33]

Besonders augenmerklich ist die Übereinstimmung zwischen Nasanski und Stirner, wenn es darum geht, wie sich Individuen organisieren können, um gemeinsam mehr zu erreichen, als es ihnen für sich alleine möglich gewesen wäre. Nasanski wählt hier als Szenario „ein scheußliches Ungeheuer mit zwei Köpfen"[34] – mit Sicherheit eine Reminiszenz an den imperialen Doppeladler – dem alleine nicht beizukommen ist. Aber Nasanski beschreibt: „(...) neben mir steht ein genauso kühner und stolzer Mensch wie ich selbst, und ich sage zu ihm: ‚Gehen wir, und bringen wir es zu zweien dazu, dass es weder dich noch mich schlagen kann.'"[35] Stirner nennt parallel dazu den „Verein der Egoisten" als mögliche freiwillige Organisationsform der Individuen.[36]

Luker stimmt angesichts der anarchistischen Ansichten von Nasanski Gareth Williams zu, der der Meinung ist, dass Kuprin in „Das Duell" nicht mit politischen Angelegenheiten beschäftigt ist; denn die von Nasanski prophezeite Revolution sei keine politische, sondern eine soziale.[37] Dem ist zu entgegnen, dass eine soziale Revolution, möchte sie so allumfassend sein wie Nasanskis, immer auch eine politische Revolution beinhaltet, mithin also weit reichender ist. Jedenfalls ist eine Gesellschaft, wie sie Nasanski vorschwebt, in der herrschenden autokratischen Staatsform nicht vorstellbar.

Dass „Das Duell" dann auch in erster Linie politisch rezipiert wurde, bestätigt auch Luker.[38] In den Revolutionsmonaten von 1905 erntete Kuprin mit Nasanskis Monolog überdies besonderen Erfolg bei öffentlichen Lesungen, was den stark publizistischen Charakter des Werks unterstreicht.

---

32 Vgl. ebd.

33 Vgl. Stirner 1972.

34 Kuprin 1956, S. 299.

35 Ebd., S. 299.

36 Vgl. Stirner 1972.

37 Vgl. Luker 1978.

38 Vgl. Ebd., S. 107.

4.2. Die Darstellung des Militärs

Der politische Aspekt des Werkes tritt ebenso deutlich in Kuprins Beschreibung des Zustandes des Militärs zutage, der von der Verkommenheit des Offiziersstandes und der allgegenwärtigen Grausamkeit und Brutalität beherrscht wird. Im Gegensatz zu Tolstoi oder Garschin porträtiert Kuprin die Armee in Friedenszeiten, wodurch die extreme Gewaltanwendung noch unterstrichen wird. So beschreibt Kuprin die drastischen Ausmaße einer gewöhnlichen Übungseinheit:

> Während des Drills hörte man von allen Seiten (...) die Maulschellen klatschen. Oft konnte Romaschow auf zweihundert Schritt Entfernung beobachten, wie irgendein wildgewordener Kompaniechef seine Leute der Reihe nach ohrfeigte, vom linken bis zum rechten Flügelmann. (...) Die Unteroffiziere prügelten ihre Untergebenen unbarmherzig. Für den kleinsten Fehler in der Instruktionsstunde, für einen falschen Tritt beim Marschieren prügelten sie drauflos, schlugen ihnen die Zähne oder das Trommelfell ein, bearbeiteten sie mit den Fäusten, bis sie am Boden lagen.[39]

Diese Brutalität ist direkt verbunden mit dem Zustand der Offizierskaste. Das Bild, das Kuprin von ihr zeichnet, ist vernichtend: Jeder Offizier ist nur in den Dienst des Militärs getreten und dort verblieben, weil er unbrauchbar für jeglichen anderen zivilen Beruf ist. „Mit Ausnahme weniger ehrgeiziger Streber taten alle Offiziere ihren Dienst ohne Lust und Liebe wie eine unangenehme und längst zuwider gewordene Fron, die sie als Qual empfanden."[40] Die Kompaniechefs sind mit familiären Plänkeleien beschäftigt, leben über ihre Verhältnisse und häufen Schulden an. Sie „leihen" sich dann Geld aus der Armeekasse oder behalten gleich den ihnen zur Auszahlung anvertrauten Sold der Soldaten ein. Viele überleben nur, weil sie im Offizierskasino um Geld spielen – oft genug falsch. Alle trinken, entweder im Kasino, einsam zuhause oder ab und zu im örtlichen Bordell. Die meisten haben vergessen, wie man denkt oder eine sachliche Diskussion führt. Jegliche Intellektualität sucht man vergebens.

Die kulturelle Wüste innerhalb der Armee wird an einer Stelle durch den Umgang mit der Puschkin-Büste in Romaschows Besitz symbolisiert. Romaschow hat das Interesse an der Büste des großen Dichters verloren und schenkt sie auf dessen Bitten seinem Diener, dem Tscheremissen Gainan. Nachdem er sich lange Zeit gefragt hatte, was der ungebildete Gainan mit einer solchen Büste anfangen mochte, ertappt er ihn schließlich, wie er die Statue als Götzen eines Naturgottes anbetet. Der Umgang eines „gebildeten" Offiziers mit der Büste ist um keinen Deut zivilisierter: Der betrunkene Oberleutnant Wetkin sieht in ihr nur einen jämmer-

---

39 Kuprin, S. 202.

40 Ebd., S.79.

lichen Zivilisten und verwendet sie für Schießübungen. Durch diese Offenbarung von Wetkins Ignoranz dem kulturellen Erbe gegenüber werden die Rollen zwischen Offizieren, die sich für zivilisierter und etwas besseres halten, und Zivilisten umgedreht. Es kommt so zu einem ersten Duell: Dem zwischen Barbarei und Zivilisation.

Der militärkritische Aspekt des Romans löste ohne Zweifel in der zeitgenössischen Rezeption die heftigsten Reaktionen aus. Der Zeitpunkt des Erscheinens wenige Jahre nach dem so katastrophal verlorenen Russisch-Japanischen-Krieg hatte sicher nicht wenig Anteil daran. Denn die Niederlage wurde in Analysen immer wieder den Verfehlungen der Offiziere zur Last gelegt; so zitiert Luker Lenin mit den Worten, die Offiziere hätten sich als schlecht ausgebildet, rückwärtsgewandt und unvorbereitet herausgestellt. Sie ließen jegliche enge Verbindung mit ihren Soldaten vermissen und genössen nicht deren Vertrauen.[41] Kuprin wird für seine Enthüllungen aus Offizierskreisen angefeindet – ebenso wie aus dem reaktionären Umfeld, denn ein Angriff auf das Militär bedeutete immer auch einen Angriff auf die herrschenden autokratischen Strukturen. Dies ging so weit, dass Kuprin in einer St. Petersburger Zeitung von einem Offizier zum Duell gefordert wurde. Aber es gab auch positive Reaktionen von Offiziersseite her: Beispielsweise erhielt Kuprin 1905 einen von 20 Offizieren unterschriebenen Dankesbrief.

4.3. Das Duell in „Das Duell“

Ein weiteres wichtiges Motiv in Kuprins Roman ist die Betrachtung des Duells. Zum Zeitpunkt der Romanhandlung hatte Zar Alexander III. gerade das Offiziersduell offiziell erlaubt; daher werden Duelle immer wieder angesprochen und debattiert.

Die erste Diskussion findet unter Romaschow und seinen Freunden gleich im ersten Kapitel statt. Es geht dabei um die Frage, ob man sich mit Zivilisten duellieren solle. Romaschow, zu Beginn des Romans noch sehr schüchtern und unsicher, vertritt dabei die Meinung, dass man sich nach einer Beleidigung durch einen Zivilisten als Offizier durchaus mit ihm duellieren könne: „Weshalb kann ich von ihm nicht Genugtuung verlangen? Wir sind doch schließlich kultivierte Menschen“[42]. Romaschow hat an dieser Stelle noch nicht die Wandlung zum Gegner von Gewalt vollzogen, doch ist auch hier seine Ansicht im Vergleich zu denen seiner Offizierskollegen noch moderat. Wetkin beispielsweise antwortet auf die Frage, was er in einem solchen Fall tun würde mit „Was werde ich tun? Ich knall' auf ihn aus dem Revolver.“[43] Ein-

41 Vgl. Luker 1978, S. 79.

42 Kuprin 1956, S. 16.

43 Ebd., S. 14.

helligen Beifall unter Romaschows Freunden findet auch das Verhalten von Unterleutnant Krause, der, nachdem ein Büfettier ihm bei einer Rangelei sein Schulterstück beinahe abriss, „(...) seinen Revolver heraus (zog) – paff eins in den Kopf! Auf der Stelle! Dann kam ihm noch so ein Rechtsanwältchen in die Quere; auch der wurde erledigt.“[44]

Sorgen bereitet allen in dieser Frage vor allem, dass das Duell bei Zivilisten nicht mehr die Anerkennung genießt wie unter Offizieren. Im Falle einer Ablehnung der Forderung durch den Zivilisten bleibt dem Offizier so keine Möglichkeit mehr zur Wahrung seiner Ehre: „Sie werden von ihm Genugtuung verlangen, aber er sagt: ‚Nein ... ä – ä – ä, ich, wissen Sie, überhaupt ... ä – ä, ich erkenne das Duell nicht an ... Ich bin ein Feind vom Blutvergießen ... Und außerdem, ä – ä, wir haben doch den Amtsrichter ...‘ Dann laufen Sie also Ihr ganzes Leben wie ein geprügelter Hund herum“[45], gibt Wetkin zu bedenken.

Ein weiteres Mal wird das Duell im Offizierskasino angesprochen, wo Sinn und Unsinn des soeben gestatteten Duells kontrovers diskutiert wird. Dabei werden auch fundamental kritische Stimmen laut. Artschakowski meint:

> Wenn er sich nicht mit mir schießen will, dann – raus aus dem Regiment; es fragt sich bloß, was nun seine Kinder fressen werden? Geht er aber auf das Duell ein und ich jag’ ihm eine Kugel in den Bauch, dann haben seine Kinder auch nichts zu beißen ... Das ist doch der reinste Blödsinn![46]

Die Diskussion beendet jedoch Hauptmann Osadtschi mit einem Plädoyer für das Duell. Ein richtiges Duell, kein symbolisches: „Das Duell, meine Herren, muss unbedingt unter schweren Bedingungen stattfinden, sonst ist es sinnlos! Sonst ist es nichts als törichtes Mitleid, Nachsicht, ein Zugeständnis, eine Farce. (...) Es kann die Zustände in unsern Kreisen keineswegs bessern.“[47]

An dieser Aussage wird deutlich, dass das Duell als eine Disziplinierungsmaßnahme innerhalb der Armee angesehen werden kann; gegen „(...) Falschspieler (...), Trinker (...), Schweinigelei und Zotenreißerei“[48]. Somit muss man es in einer Kategorie mit den von Kuprin angeprangerten Misshandlungen, die ja ebenso Disziplinierungscharakter haben sollen, einordnen und das eigentliche Duell am Ende des Buches erscheint so als die ultimative Verkörperung der Brutalität in der Armee.

---

44 Ebd., S. 15.

45 Ebd., S. 16.

46 Ebd., S. 117.

47 Ebd., S. 121.

48 Ebd., S. 52.

Auch Schurotschka ergreift im Verlauf der Geschichte Partei für das Duell. Sie ist der Meinung, Duelle seien vernünftig und in Friedenszeiten wichtig. „(…) was ist für den Krieg vor allem erforderlich? Mut, Stolz, die Fähigkeit, dem Tode furchtlos ins Auge zu schauen. Und wo treten diese Eigenschaften in Friedenszeiten am leuchtendsten hervor? Im Duell natürlich.“[49] Und man dürfe schließlich nicht vergessen: „Euer Beruf ist es, das Leben aufs Spiel zu setzen.“[50]

Während für Christine Scholle das Duell in Kuprins Roman ein „sinnentleerter und entbehrlicher (…) Duellritus“[51], mithin also eine vormals sinnvolle Institution ist, sieht V. G. Kiernan eine Gefahr des Duells, die auch Scholle in diesem Zeitabschnitt in der Geschichte des Duells erkennen kann, schon in seinem Konzept an sich innewohnen[52]: Die Gefahr des Missbrauchs durch Intrige.

Kiernan wählt ein Argument, das sicherlich nicht als allumfassend gültig betrachtet werden darf, aber gerade in Hinblick auf Schurotschkas Rolle in „Das Duell“ größere Beachtung verdient: Die Rolle der Frau als Befürworterin des Duellritus. Kiernan betont den Widerstand der Frauen der oberen Schichten gegen den Kampf gegen das Duellwesen und nimmt unter anderem Bezug auf Jerome K. Jeromes Beobachtung, dass der in Freiburg als Ersatz für das Mensuren Schlagen eingeführte Fußballsport bei den jungen Frauen auf großen Widerstand traf. Sie wollten ihre Verehrer lieber mit bandagiertem Gesicht als dreckverschmiert und zerzaust vom Fußballplatz in Empfang nehmen.[53] Kiernan stellt die Behauptung auf, dass das Duell seit seiner Einführung – ebenso wie das Konzept der Ehre an sich – hauptsächlich dem Imponieren der Damenwelt diente. Und es schien seine Wirkung nicht zu verfehlen. Wie Kiernan – auch in Bezug auf Schurotschka – schreibt, wurden die Möglichkeiten, das Duell zu ihren Zwecken zu instrumentalisieren, von einigen Frauen durchaus genutzt und zwar zu allen Zeiten; nicht nur, als der Duellritus schon im Abstieg befindlich war.[54]

---

49 Ebd., S. 52.

50 Ebd., S. 53.

51 Scholle 1977, S. 173.

52 Vgl. Kiernan 1989.

53 Vgl. ebd., S. 201.

54 Vgl. Kiernan 1989.

5. Die Verurteilung zum Duell – ein Einzelfall?

Auffällig am Duell in Kuprins Roman ist im Vergleich zu anderen Duellen in der russischen Literatur sein Zustandekommen. Es ergeht keine offizielle Duellforderung von einer der beiden Seiten, sondern Romaschow und Nikolajew werden vom Ehrgericht buchstäblich dazu verurteilt, ein Duell austragen zu müssen. Das Gericht lässt beiden zwar offen, das Duell nicht auszutragen, aber in diesem Fall müsste der Ablehnende seinen Offizierstitel abgeben.
Gewöhnlich ergeht eine Duellaufforderung von der beleidigten Partei an den Beleidiger. Hier spricht das Gericht jedoch von „gegenseitigen Beleidigungen“[55] und deutet an, dass es sich bei dem Beleidigten um den Stand der Offiziere insgesamt handelt, so dass nur ein Duell die Offizierswürde wiederherstellen kann. Kiernan spricht in diesem Zusammenhang gar von einem Menschenopfer, das die Ehre des ganzen Regiments wiederherstellen muss.[56]
Das Zustandekommen des Duells ist also höchst ungewöhnlich und im Folgenden soll am Beispiel Preußens untersucht werden, ob es vergleichbare Fälle gab, in denen die Duellforderung nicht freiwillig ausgesprochen wurde, sondern als Urteil eines Gerichts.
Die betreffende Instanz in Preußen wie in Russland war hierbei im 19. Jahrhundert die Ehrengerichtsbarkeit der Offiziere. Ihr Zweck war es, „die gemeinsame Ehre der Genossenschaft neben der des einzelnen Offiziers zu wahren.“[57] Ursprünglich wurde sie als Instrument zur Eindämmung des Duells geschaffen, um mit Rücksicht auf das Ehrempfinden unter Offizieren die Möglichkeit zu schaffen, Beleidigungen und Ehrverletzungen ohne Blutvergießen zu schlichten. Duelle waren im Preußen des 19. Jahrhunderts unter teils schwere Strafe gestellt. Es war jedoch Ehrgerichten möglich, in gewissen Fällen ihre Inkompetenz zu erklären und so als einzig übrig gebliebene Möglichkeit der Satisfaktion ein Duell zu ermöglichen.[58] Dieses Duell, so es durchgeführt wurde, war strafwürdig und unterlag der Militärgerichtsbarkeit; die regelgerechte Ausführung wurde jedoch vom Ehrgericht überwacht und gestattet. Dieses drohte im Fall des Nichtstattfindens mit Verlust des Offiziersstatus – wie bei Romaschow und Nikolajew. Der duellunwillige Offizier hatte – wie Romaschow – somit die Wahl zwischen Pest und Cholera: Rangverlust oder Duell.
Diese vordergründige Überschneidung verschiedener Gerichtsbarkeiten und den daraus entstehenden Rechtsparadoxien ist zwar noch weit entfernt von einer buchstäblichen Verurtei-

---

55 Kuprin 1956, S. 283.

56 Vgl. Kiernan 1989.

57 Dieners 1992, S. 175.

58 Vgl. ebd.

lung zum Duell durch einen Richterspruch wie in Kuprins Roman. Jedoch sprechen sowohl Dieners als auch Slawig vom herrschenden faktischen Duellzwang[59], einerseits durch den gesellschaftlichen Druck zur Satisfaktion, andererseits und insbesondere aber auch durch die Strafandrohung (Verlust des Offiziersstatus) bei Ehrverlust.

Dies ist aber nicht so zu verstehen, dass bei Inkompetenzerklärung des Ehrgerichts automatisch der Verlust des Offiziersstatus erfolgte und er nur auf quasi inoffiziellem Wege durch ein stillschweigend geduldetes Duell verhindert werden konnte. Vielmehr beschreibt Dieners, dass Ehrgerichte ihren ursprünglich beabsichtigten Zweck, die Duellvermeidung, bald konterkarierten. Er nennt als Beispiel zwei historische Verfahren, in denen Ehrgerichte aktiv in fast blutdurstig anmutender Weise das Duell förderten.

Ein Fall betrifft eine Streitigkeit zwischen dem Rechtsreferendaren Dr. Ewers und den beiden Offizieren von Erhardt und von Kamptz. Nachdem Dr. Ewers 1895 von den beiden Offizieren Betrug bei einer spiritistischen Sitzung vorgeworfen worden war, forderte Ewers die beiden zum Duell. Diese meldeten den Vorschriften gemäß den Fall dem Ehrenrat, hatten jedoch an der Satisfaktionsfähigkeit des Zivilisten erhebliche Zweifel. Das zuständige Ehrgericht erklärte daraufhin ohne Anhörung eines Zeugen Dr. Ewers für satisfaktionsfähig. Von Ewers und von Kamptz verweigerten daraufhin auch nach nochmaliger Bestätigung durch das Ehrgericht das Duell unter der Begründung, sie selbst machten sich ehrlos. In Reaktion darauf aberkannte das Ehrgericht beiden Offizieren ihre Titel. Dieners zeigt an diesem Fall, wie aktiv die Ehrgerichte an der Durchsetzung des Duellzwangs mitwirkten.[60]

Einem buchstäblichen Richterspruch zur Verurteilung zum Duell wie in Kuprins Roman kommt nur der zweite von Dieners geschilderte Fall näher. Dabei geht es um den Streit zwischen Leutnant Bellhorst und Leutnant Steglitz, die, eigentlich beste Freunde, sich bei einem Trinkgelage in die Haare gerieten. Das Ehrgericht entschied, obwohl der Beleidigte „die paar groben Worte und selbst den Stoß gar (nicht) so übel genommen“[61] und sich „gar nicht so sehr beleidigt gefühlt hatte“[62], ohne jeglichen Schlichtungsversuch: „Der Leutnant Bellhorst muss den Leutnant Steglitz zum Duell fordern.“[63]

Dieser Fall stammt jedoch aus der Sammlung „Briefe von Verbrechern“ von Marzellin Adalbert Reitler und sein tatsächlicher oder fiktiver Charakter kann nicht geklärt werden.[64] So

---

59 Vgl. Dieners 1992, Slawig 1986.

60 Vgl. Dieners 1992.

61 Reitler, M. A. (1906): *Briefe von Verbrechern.* Dresden: Pierson. S. 167ff. Zitiert nach Dieners 1992.

62 Ebd., S. 169. Zitiert nach Dieners 1992.

63 Ebd., S. 170. Zitiert nach Dieners 1992.

64 Dieners 1992.

muss hier offen bleiben, ob eine buchstäbliche Verurteilung zum Duell durch ein Gericht nur in der Fiktion zu finden ist, oder ob so etwas tatsächlich vorkam. Unbestritten bleibt jedoch, dass die Vorgehensweise der Ehrgerichte in ihrem Effekt einer faktischen Verurteilung zum Duellieren gleichkam.

6. Schlussbemerkung

Zusammengefasst ist zu beobachten, dass ein Großteil der Motive in „Das Duell" sich mit Ritualen beschäftigt. Da ist zum einen natürlich das Duell: Ein Ritus, der wie das Sündenbockritual die Aufgabe hat, gesellschaftliche Gewalt aufzulösen und in Symbolen zu fixieren, jedoch noch archaischer und weniger abstrahiert. Die Ehrverletzung, also die Anzweiflung der Tapferkeit, der Manneskraft, eines Offiziers wird rituell beantwortet durch den Beweis der Tapferkeit auf zeichenhafte Weise. Dabei ist es unerheblich, ob tatsächlich körperlicher Schaden angerichtet wird. Auch wenn einige Figuren des Romans fordern, dass das Duell immer einen tödlichen Verlauf nehmen sollte, ist es das Zeichen das zählt. Der Bedeutungsverlust des Duells im Laufe der Geschichte hängt nicht mit seiner zunehmenden Symbolisierung und abnehmenden Tödlichkeit zusammen, sondern vor allem mit der Krise des Ehrbegriffs.
Dass der Grund für den Bedeutungsverlust nicht etwa eine abnehmende Gewaltbereitschaft und damit Zivilisierung ist, zeigt das andere Ritual in Kuprins Roman, das ihn bis heute aktuell sein lässt: Die rituelle brutale Züchtigung von Soldaten. Diese hat sich bis heute in der russischen Armee erhalten und nimmt drastische Ausmaße an. Der Dedowschtschina („Herrschaft der Großväter") fallen jährlich tausende Rekruten zum Opfer, die aufgrund von Misshandlungen, Vergewaltigungen und psychischen Peinigungen als Invaliden aus der Armee entlassen werden. Dazu kommt noch eine kaum überschaubare Anzahl von Suiziden innerhalb der Armee, deren Ursachen selten aufgeklärt werden können. Die Dedowschtschina ist ein Ritual, das die Aspekte des Duellwesens wieder aufgenommen hat: den rituellen Beweis von Männlichkeit und Tapferkeit durch brutale Gewalt.

7. Literaturverzeichnis

Dieners, Peter (1992): *Das Duell und die Sonderrolle des Militärs; zur preußisch-deutschen Entwicklung von Militär- und Zivilgewalt im 19. Jahrhundert.* Berlin: Duncker und Humblot.

Kiernan, V. G. (1989): *The Duel in European History.* Oxford: Oxford University Press.

Kuprin, Alexander I. (1956): *Das Duell.* Leipzig: Paul List Verlag.

Luker, Nicholas J. L. (1978): *Alexander Kuprin.* Boston: G. K. Hall & Co.

Scholle, Christine (1977): *Das Duell in der russischen Literatur.* München: Verlag Otto Sagner.

Slawig, Johannes (1986): *Der Kampf gegen das Duellwesen im 19. und 20. Jahrhundert in Deutschland unter besonderer Berücksichtigung Preußens.*. Münster: Philosophische Fakultät der Westfälischen Wilhelms-Universität.

Stirner, Max (1972): *Der Einzige und sein Eigentum.* Ditzingen: Reclam.